鍾怡陽◎編著

流傳千年的北歐神話故事

序言

和世界上其他比較完備的神話體系相比，北歐神話的形成時間則相對較晚，其口頭傳播的歷史大致可以追溯到西元一至二世紀，在丹麥、瑞典和挪威等地率先流行開來。後來到了西元七世紀，伴隨著一批北上的移民，早期的北歐神話在冰島等地也開始傳播。

對於太陽、高山、冰川等自然現象和景觀的崇拜與敬畏，是北歐神話最初的起源動力。它們最初都是以歌曲形式為載體進行傳播的，發展至中世紀時，開始有冰島當地的學者嘗試用文字把這些歌曲記錄下來。現在，可供我們查考的主要有兩部《艾達》：一是冰島學者布林約爾夫·斯韋恩松於一六四三年發現的「前艾達」，或稱「詩體艾達」，寫作時間大概在九至十三世紀之間；一部是「後艾達」，或稱「散文艾達」，由冰島詩人斯諾里．斯圖魯松在十三世紀初期寫成，是對「前艾達」的詮釋性著作。

和其他的神話體系類似，北歐神話也是一個多神系統，由巨人、神、精靈和侏儒，構成了北歐神話的四個體系。其中世界由巨人創造，巨人又生出了眾神，但眾神卻同時也是巨人們最大的敵人。神又分為兩個部族，其中主神即有十二個。侏儒和精靈屬於半神，他們為神服務，但他們的具體由來至今仍很不清楚，屬於北歐神話的特有創造。

雖然不如《聖經》和《希臘神話》那樣完整和著名，北歐神話對世界的影響仍然隨處可見，幾乎滲透進生活的各個方面。西方的各種節日如耶誕節，即是由紀念太陽神的活動演變而來，復活節則是春天女神的名字；而星期中的每一天則是以北歐諸神的名字命名的：週一月神、週二戰神、週三主神、週四雷神、週五春神、週六火神、週日太陽神。

中世紀時，基督教在整個歐洲盛行，夾雜著政治的龐大滲透力，基督教信仰開始藉助政治強力在古代北歐異教神祇的廟宇中潛行。隨著時間的推移，開化較晚的北歐人尚未來得及把他們的原始神話信仰發展成系統的神話體系時，基督教信仰的「正規軍」即已大規模侵入，徹底扼殺了北歐神話的組織化、精湛化和體系化等自然發展的過程。到了北歐地區完全成為基督教世界的政治附屬，大多數記載北歐神話的資料被認為是有損風化的異端邪說，而被付之一炬。因此，北歐神話可以被看做是中途折戟的未完成品。

就這樣，歲月掩蓋了往日的傳奇，歷史成為了過去輝煌的傳說，並在時光的流逝中被逐漸遺忘淡漠。時至今日，這些寶貴的傳說和資料倖存的只有少數，而這段逐漸被歷史淡忘的毀滅之歌，也正是北歐神話試圖用自己的語言來著力描述宇宙萬物間生死存續的映照。

北歐的原始部落，在最初目視著天地自然而索解的時候，他們就感受到了兩種截然相反，卻讓他們同樣著迷與敬慕的力量。北歐夏季的時光十分短暫，在這短促而又美好的夏日時光裡，藍天碧海，熾烈的陽光照耀著繁茂的花木。原本被冰雪覆蓋的山原開始解凍，融化了的雪水在山間變成小溪靜靜地流淌，匯聚成河流穿過寬廣的平野，最後湧向大海，一幅如此雋美的風景。而時光悄然一轉，隨即而來的便是寒冷冬季裡淡弱的日光，漫長寒冷的黑夜，怒吼的冰凍之海，遠處

的驚濤駭浪猛烈地撞擊著山石峭壁。

光明與黑暗，溫暖與寒冷的比對是如此強烈驟然。北歐人在剛剛享用了夏季短暫的溫婉陽光後，就要在漫長冬日裡的冰天雪地中漁獵，受盡了苦難折磨。這一切，讓他們認為冰與火就是構成世界的基本元素，寒霜和冰雪是宇宙間惡勢力的代表，而熱量與光明則是善的存在。季節的交替是這兩種善、惡勢力此消彼長，不斷交戰。善勢力的神和惡勢力的巨人之間無休止的鬥爭，就構建了北歐神話的主要脈絡。

可以說，北歐神話中的諸神身上所顯示的戰鬥精神與生活態度，與北歐人民的性格特徵密切相關。諸神與眾多惡魔戰鬥的精神，正是北歐民族與惡劣自然條件長期鬥爭的現實反映。極其嚴酷的自然條件，讓北歐民族不得不學會在惡劣的環境下，拓展自己生存空間能力與毅力。而北歐神話正是反映了北歐原始部落的多神教信仰，以及他們和大自然戰鬥的綺麗想像，標明了古代北歐部族不畏艱難與大自然奮勇作戰的英雄氣概。

如果非要提取北歐神話的關鍵字，那就是：「英勇」和「果敢」。在北歐神話中，戰死在沙場上的的英雄，無論他們是天神還是普通的凡人，都享有至高的社會地位。北歐神話不斷地喻示，人可以因為勇敢而變成天神，飛升到天界的英烈祠中享受極樂世界的美好生活。而相反地，那些苟且偷生、怕死卑賤的懦夫，則會被投入黑暗的地獄。在這裡，勇敢是對人最高的褒獎，是所有人的行為準則。北歐的原始居民認為，男人若不能戰死在沙場上，便是最大的恥辱和不幸。

和一切強大敵手之間做無法逃避的命運之戰，正是北歐原始民族所面對的宿命。綜觀其早期的奮鬥史，北歐原始部落的生存方式就是戰鬥、遷徙、再戰鬥，依次循環。這是充滿艱辛苦痛的戰鬥生涯，而民族的命運就取決於這一次次的戰鬥，以及在戰爭的風險中求生存，而北歐神話正是這種生活態度的映射。

如此，現存的北歐神話之軀殼框架，已然與斯堪地納維亞的群山同樣粗獷而巨偉。英勇的神是如此莊嚴、正直、博大，如果說南方的希臘神話是「抒情詩的」，是古希臘人在蔚藍色愛琴海柔和的波浪中吟唱的愉悅詩篇，那麼，北歐神話便是「悲劇的」，是北歐民族在荒涼殘酷的惡劣自然環境中書寫的傲然樂章。

北歐神話裡的諸神們，始終在與破壞世界的惡勢力巨人族在戰鬥。諸神縱然逐漸取得勝利，但到最後，那不可避免的命運，「諸神之黃昏」仍要到來，在對立雙方一場最後的決戰之後，諸神俱滅，世界便歸於虛無。這是悲劇的意味與結構，和希臘神話裡的諸神總是能和希臘人像凡人般交往相處，在林間泉畔玩耍、戀愛、捕殺，在基調風格上可說迥然不同。

世界因戰鬥被創造，最終也因戰鬥而遭致毀滅。有生就有死，因緣輪迴，這是亙古不移的定律，諸神也不例外。北歐人認為神是巨人的後嗣，他們是善與惡的混合體，是不完備與非純種的，他們的身體基因中隱伏著死亡的根。經由肉體的死亡昇華，神達到精神上的永存與不朽。

善與惡同歸於盡，正是北歐神話與其他神話最顯著的不同。命運的劫火縱然毀滅了宇宙，卻也摧毀了一切邪惡，之後新的秩序又將重新建立，新世界的曙光已然照亮！

目錄

第一章 天地初造

第二章 王行天下

第三章 神之黃昏

第一章 天地初造

一顆會說話的聰明腦袋

很久很久以前，洪荒時代中的天地一片混沌，沒有天空，沒有大地，沒有海洋。在這一片混沌中，有一道深深開裂著的無比巨大鴻溝，叫做金恩加之溝。巨人國所在的約頓海姆，就是金恩加鴻溝所在的地方。在這宇宙的中心地帶，矗立著一棵無比偉岸的大樹，稱為尤加特拉希。這棵生機盎然、枝繁葉茂的大樹，是宇宙萬物的起源和載體，覆蓋了整個天地。大樹有三條強勁有力的樹根做為支撐，三條樹根分別通往神國、巨人國、冰雪世界尼夫爾海姆。分別有三眼泉水流過樹根的末端為宇宙樹提供充足的水分。

連結宇宙樹巨根的泉水是由智慧巨人密密爾所看守，所以這眼泉水也跟隨他取名密密爾泉。密密爾的誕生相當離奇，據說在金恩加鴻溝的北方，是一片廣大的冰雪世界尼夫爾海姆。濃霧終年籠罩著萬年封存的冰塊和積雪，弄得整個冰雪世界既寒冷又黑暗。

一股巨大的泉水從尼夫爾海姆最深邃的地方奔湧而出，形成了許多川流不息的溪流。這些溪流夾帶著尼夫爾海姆的無數冰塊，由北而南地向金恩加鴻溝奔騰而來，歷經千萬年的時間，逐漸在金恩加鴻溝旁邊堆積成了許多冰丘。在金恩加鴻溝的南方，是火焰之國摩斯比海姆。那裡終年噴射著沖天的熊熊火焰，弄得整個火焰之國炙烤在一片無比強烈的光亮和酷熱中。那些長年噴射的火焰，飛濺出許多炙熱的火星，墜落在金恩加鴻溝兩岸堆積著的冰丘上。冰丘遇到高溫炙熱的火星後溶化成水氣，繼而又被從尼夫爾海姆吹來的強勁冷風再次凍結起來。在歷經千萬年冰雪世界的寒氣和火焰之國的熱浪不斷作用下，這些冰丘慢慢孕育出了生命。巨大的生靈伊米爾就在冰丘中誕生出來了。

在混沌世界中，摸索著尋找食物的伊米爾遇到了同樣也在熱浪和寒氣的作用下誕生於冰丘的一條母牛奧都姆布拉。巨大的母牛胸部源源不絕地流淌出了四股乳汁，匯集成了四條白色的河流。於是，兩個生靈相依相偎。伊米爾以奧都姆布拉的乳汁為食，而母牛則以舔食冰雪為生；運氣好的時候，伊米爾能幫奧都姆布拉拾些鹽霜回來舔。在一片混沌的洪荒時代裡，只有這兩種巨大的生靈存在著。

很久很久以後，終日飽飲牛乳的伊米爾變得非常地強壯有力。有一天，他如往常一樣飲完牛乳沉沉睡去，從他的雙臂下面忽然生長出了一男一女兩個巨人。從巨人之祖伊米爾雙臂下面生出來的那對巨人後來結成了一對夫妻，生下了許多巨人子裔。在他們的許多孩子中，其中一個就是密密爾。密密爾自小就聰明非凡，長大後成了一個極其富有智慧的巨人。但他看守宇宙樹巨根的泉水時，已經是一個老巨人了。

密密爾泉的泉水中充滿了知識和智慧，關於天地之間九個世界裡發生的一切事情，都熔匯在這清澈透明的泉水中。因此，不管是神祇、精靈、巨人、侏儒還是人類，只要喝一口密密爾泉裡的泉水，腦子就能立刻變得很聰明。

但是，老巨人密密爾卻一步不離地看護著密密爾泉，不讓任何試圖盜取泉水喝的神祇或者巨人靠近一步。天地之間，從來也沒有哪一個生靈能夠喝上一口密密爾泉的泉水，除了老巨人密密爾自己。每天傍晚，當絢麗的晚霞把泉面映照得令人醺然沉醉的時候，老密密爾就會用一個精緻的牛角杯汲上一杯象徵著知識和智慧的泉水，獨自一人慢慢享用。

時光一日日消逝，巨人密密爾變得越來越老，皺紋密佈，肢體靈活度都在不斷退化。但是，每天不多不少的一杯泉水令他的大腦絲毫沒有衰老，反而越來越富有智慧，記載的事務也繁多而精確。他知道天地之下已經發生過的、正在發生的和將要發生的一切事情。

有一次，眾神之主奧丁在旅行途中路過了密密爾泉，正好碰上了拿著牛角杯汲泉水喝，一臉陶醉的密密爾。看著清澈的密密爾泉水，奧丁的心中激起了追求知識和智慧的強烈慾望，他對著密密爾請求道：「智者密密爾啊！請讓我喝一口這知識和智慧的泉水吧！」

密密爾毫不猶豫地拒絕奧丁：「絕無可能。」奧丁不放棄地繼續說服道：「密密爾啊！知識和智慧是多麼可貴，我奧丁追求它們的信念多麼堅定！密密爾啊！我願用我的一切東西，來換取一口珍貴的泉水，只是為了增加我的智慧，滿足一下我這個平凡求知者的願望吧！」

老巨人密密爾聽了奧丁的話，有點心動了：「奧丁，你果真是個難纏的神。你真的願用一切東西，只為換取一口珍貴的泉水嗎？」奧丁堅定地回應說：「是的，我很願意為我的話負責任。」

「好，夠爽快！如果你能夠犧牲你的一隻眼睛，把它丟到密密爾泉水裡去，我便讓你隨便喝夠這象徵著知識和智慧的泉水。」奧丁有些猶豫了，這畢竟是自己的眼睛啊！不過，奧丁很快就在泉水和眼睛之間做出了選擇，他小心翼翼地把右眼挖了出來，扔到了密密爾泉裡。

那隻眼睛穩穩地沉到了泉底，向上張開著。透過明淨的泉水，它能看到宇宙中一切已經發生過的、正在發生的和將要發生的事情。不只是眼睛，奧丁自己也喝了很多密密爾泉的泉水，從此變得更加富有知識和智慧了。雖然他失去了一隻眼睛，以致於後來經常被人稱為「獨眼老頭」，但是，也因為他的智慧超群而被人尊稱為「智者奧丁」。

而密密爾同樣欽佩奧丁敢用眼睛來換取泉水的膽識，臣服於眾神之主奧丁。後來，亞薩神族和華納神族之間爆發了一場曠日持久的戰爭，起因是這樣的：

一個叫格爾薇克的女華納神帶著華納神族的使命來到了亞薩園，目的是和亞薩神理論究竟亞薩和華納兩大神族哪個才有資格受到人類的頂禮膜拜。但是，亞薩眾神斷定格爾薇克來意不善。眾神之主奧丁向格爾薇克投擲長矛以示宣戰，眾神也紛紛跟隨著奧丁向她發動攻擊。

儘管眾亞薩神用長矛刺死她和用火燒死她達三次之多，具有強大魔力的女神格爾薇克卻每一次都能死而復生。正因為亞薩神誤解華納神的理論，擅自胡亂殺害使者格爾薇克，憤怒的華納神也正式向亞薩神們宣戰了。這是世界混沌初開以來第一場規模宏大、場面慘烈的戰爭，兩個神族的戰士們英勇無畏地在戰場上廝殺，繼而倒地身亡。戰場上屍橫遍野，到處沾滿了神族戰士們的鮮血。

由於雙方勢均力敵，戰爭持續了許多個年頭，卻始終沒有分出勝負，導致兩大神族兩敗俱傷。

最後，所有神祇都厭倦了這場曠日持久的戰爭，也厭倦了沒完沒了的無謂廝殺。為了締結和平、維護神族的生活秩序，亞薩和華納兩大神族的眾神們舉行和談會議。眾神決定雙方互相派遣人質，以求保持和平穩定的現狀，不讓戰火在神的世界中再度燃起。華納神族送往亞薩園的，是最傑出的華納神尼爾德和他的一對孿生兒女——弗雷和弗蕾亞；而亞薩神族送往華納海姆的，是海納和智慧巨人密密爾。

派往華納海姆的海納是亞薩神中的首領之一，外表高大強壯，十分英俊，一雙長腿奔跑起來快捷有力。美中不足的是，海納相較於其他聰慧的亞薩神，稍顯弱智。他的腦子有點魯鈍，性情又有些木訥，非常不善於說話。也許正是因為這個原因，奧丁才會請智者密密爾與他同行。因為長年喝智慧泉水，老密密爾能言善辯，知識也極為廣博，正好可以幫助海納回答各種問題。

亞薩神族的海納和密密爾來到華納海姆後，起初博得了華納神的熱烈歡迎。華納神的領袖還讓海納擔任了一個不大不小的首領。

但是，華納神們逐漸發現，在所有的場合都是密密爾這個老頭在喋喋不休地解答華納神們提出來各式各樣的問題；一旦密密爾不在的時候，海納這個高大英俊的亞薩神總神情呆滯，幾乎是一無所知，始終都是愚鈍而窘迫的，哪怕是一個最簡單的問題他都回答不出來。

華納眾神感覺受到了亞薩神的欺騙，因為華納海姆送去的人質是華納神中最出色的尼爾德、弗雷、弗蕾亞，而換來的卻是一個天生愚笨的亞薩神和一個喋喋不休的老人。

於是，華納眾神一怒之下砍下了密密爾的腦袋，派人送往亞薩園，以示他們強烈的憤怒不滿之情。亞薩園的眾神在收到密密爾的腦袋後，對華納神的行為也無可奈何，只能乾生氣。或許他們本來就存有欺詐之心，或許他們確實不願再度挑起戰火，這事也就不了了之了。

當遊歷歸來的奧丁見到密密爾的腦袋後，驚訝萬分。他立即找來藥草塗在密密爾脖頸的傷口上，唸誦盧尼文字的咒語對已被砍下來的腦袋施行法術。在奧丁的努力下，密密爾充滿知識和智慧的腦袋竟然能夠脫離身體，奇蹟般地存活下來。奧丁嘆息華納眾神竟不知道這是個寶貝，於是把這個腦袋精心存放在宮殿的內室中。每當有什麼疑難和困惑的時候，奧丁就來到密密爾的腦袋旁邊，唸動盧尼文字的咒語，向密密爾討教，而密密爾總是能夠為奧丁解答各式各樣的困難問題。

小知識：

奧丁，眾神之王，世界的統治者，又有「天父」之稱。他頭戴大金盔，手持從來不會射偏目標的長矛「岡尼爾」，配戴著德勞毗尼爾飾環，胯下是八足神馬「斯萊普尼斯」，雙肩上棲息著兩隻烏鴉胡晉（思想）與穆寧（記憶），左右跟著兩條狼格里（貪慾）和弗萊基（暴食）。他只有一隻眼睛，但是可以發出如太陽般的光輝。另一隻眼是在為了獲得終極智慧時，為了喝到世界之樹下的智慧之井密密爾泉的水而自殘的。奧丁發明了北歐古文字，創造了北歐的人類，掌管死亡、戰鬥、詩歌、魔法及智慧等。他住在阿斯加爾德的英靈殿中，從寶座看到九個世界的芸芸眾生。

神馬難過美人關

亞薩園周圍有一道堪稱天地之間最為堅固的圍牆，它綿延數千里，高聳可入雲，成為了眾神家園的保護者。關於這道圍牆，還有一個故事。

隨著神族的不斷擴大，奧丁率領眾神大興土木。在眾神們的共同努力下，華麗的城堡和宮殿逐步修建起來，最終建起了一座規模巨大的城池，就叫做亞薩園。神的國土充滿了取之不盡、用之不竭的黃金和白銀。在那裡，每一位神祇都有一座屬於自己的豪華宮殿。這些宮殿，除了建築時必須用的木材和鐵器外，都是用黃金和白銀建造的，一半以金子為頂，一半以銀子為頂，它們放射出的光芒，比太陽和月亮還要耀眼。剛修建完工的時候，亞薩神告諭天下所有的生靈，徵求最心靈手巧的工匠，為亞薩園修造一道堅實的圍牆，以便能夠抵禦外侵，保衛家園。

諭召貼出去許久都沒有人敢前來完成任務，這可是亞薩眾神居住的亞薩園的圍牆，倘若出現了任何紕漏，日後會給自己帶來無窮無盡的麻煩，誰願意去捧這個燙手的山芋呢！終於有一日，巨人國中最有名的工匠應了諭召，騎馬前來應徵。亞薩神喜出望外地給他備了上好的客房與食物，承諾如果修好圍牆，他們會給予重金。「諸位亞薩神，我這雙無比靈巧的雙手能夠在三個冬天內就修造起一道最偉岸的圍牆。」巨人頓了頓說，「但我不要錢。事成之後，你們要把美麗女神弗蕾亞嫁給我做妻子，而太陽和月亮也得歸我所有。」這個條件一提出來，亞薩眾神都很詫異。不過，眾神們根本不相信這個單槍匹馬的巨人能夠完成如此浩大宏偉的工程。為了戲弄他的不自量力，亞薩神假裝同意了他的要求。但是，眾神提出了更為苛刻的附加條件：「不能三個冬天這麼久，也不得有其他的巨人援手，必須在一個冬天裡就單獨完成全部的工程；一旦無法完成，你這個吹牛的傢伙就會立刻被殺死，以儆效尤。」

這個毫不起眼的巨人居然毫不猶豫地答應了這個條件，胸有成竹地做起準備。第二日，巨人不慌不忙地就開始工作了。沒過多久，一堵嶄新、疊得高高的圍牆就出現在了亞薩園周圍，並以奇蹟般的速度增長著，使眾神們驚恐不已。他們仔細觀察後發現，巨人來時騎的那匹叫做斯華帝耳弗利的馬，原來是一匹非比尋常的神馬。斯華帝耳弗利居然可以日日夜夜不知疲倦地工作著，用神力為巨人運送來一塊又一塊修築圍牆所需的巨石，而巨人所需做的只是把這些源源不斷的巨石砌上泥，疊積起來。況且巨人本身高大，拿放巨石並不費力。斯華帝耳弗利每天完成的工作量，比巨人要多兩倍之多。就是這樣合作下，圍牆以驚人的速度成長著。

春天就要降臨了，巍峨的圍牆也已經逐漸矗立在了亞薩園的四周。按照巨人和他的神馬的工作速度，最後一段圍牆也一定能在冬天逝去的那一天內順利完工。眼看巨人即將獲得他想要的一切，亞薩神不由有點緊張了，倘若圍牆真的在冬天結束以前就完成了，那遵照協議，美麗女神弗蕾亞以及太陽和月亮，就要歸這個難看的巨人所有了。眾神們憂心忡忡地聚集在會議宮，共同商討對付這個巨人的辦法。在亞薩神議論紛紛、一籌莫展的時候，向來詭計多端、花招百出的火神洛奇想出了一個好辦法，使眾神們無不拍手稱妙。

洛奇在亞薩園的所有馬廄中，選出了一匹最風騷、最漂亮、最有靈性的牝馬。洛奇把這匹馬洗得乾乾淨淨，連一點灰塵都沒有，還把牠的蹄子打磨得非常黑亮，毛梳得一絲不苟。在精心打扮了一番後，他還給母馬噴上了誘人的香水。夜晚降臨，巨人開始睡覺了，而斯華帝耳弗利還在不知疲倦地奔跑勞作著。在皎潔月光下，洛奇牽著牝馬靠近了正在工作的斯華帝耳弗利。洛奇故意讓牠發出發情時的那種低嘶聲，在斯華帝耳弗利附近搔首弄姿。一直待在巨人國，沒有接觸過大千世界的年輕神馬，怎抵禦得了這樣赤裸裸的誘惑，頃刻間被迷得神魂顛倒，一動不動地注視著牝馬。洛奇見神馬已被吸引住了，朝牝馬屁股上彈了一顆小石子，牝馬疼痛地立刻往前奔跑去。斯華帝耳弗利眼見著這匹牝馬要跑遠了，立刻扔下了修築圍牆所需的巨石，只顧著向那頭風騷漂亮的牝馬心急地飛速追去。洛奇見斯華帝耳弗利已上鉤，立刻騎上那頭風騷漂亮的牝馬向遠方跑去，引誘其一路追來。洛奇一個勁地拍著牝馬跑，神馬一個勁地追，直到把神馬引到了一個非常遙遠的地方，洛奇才扔下了牝馬，消失得無影無蹤。這兩匹馬得以在這個既溫暖又漂亮的地方纏綿斷語，盡情快活。

第二日，可憐的巨人醒來後信心十足地去圍牆邊打算繼續砌牆。沒想到自己的神馬已不知所蹤，更沒有一大堆巨石原料等著他來堆砌。巨人急得四處尋找，卻怎麼也找不到。他當然找不到了，因為神馬斯華帝耳弗利此刻正在千里之外與風騷漂亮的牝馬組建家庭，哪還顧得上主人的召喚。巨人知道一定是亞薩神搞的鬼，氣急敗壞地跑去向亞薩神興師問罪。亞薩神當然不承認做了這樣的事，他們嘲諷巨人：「你無法如期完成就直說，何必用這種下三濫的手段來誣陷我們偷了你的神馬。不信你儘管搜吧！真是個不敢承認失敗的懦夫。」失去了能幫助運送巨石的神馬，巨人就算竭盡全力，也沒有可能單憑自己一人在春天到來以前造完最後的一段圍牆，因為搬動一塊遠離圍牆的巨石就得花費整整一天時間。亞薩神的計謀順利達成了。

當神威無比的力量之神索爾風塵僕僕地旅行歸來之後，聽了眾神們的賭約，毫不猶豫地用他的神錘砸爛了巨人的腦袋，懲罰了所謂的「吹牛的傢伙」。只是，索爾不知道這背後是亞薩神們不仁不義地搗了鬼。亞薩眾神暗自慶幸。剩下的日子裡，眾神只要合力將未完成的小半截圍牆搭建起來就好了。自此，亞薩園有了一堵堅不可摧的圍牆。

而在遠離亞薩園的山谷中，斯華帝耳弗利和那頭風騷漂亮的牝馬盡情歡樂的結果是，誕生出了一頭被稱為斯雷普尼爾的八蹄小馬駒的愛情結晶。牠長大以後神駿異常，比任何一匹馬都要跑得快。自然而然，高大威猛的斯雷普尼爾成為了眾神之主奧丁的著名坐騎，助他跑遍了世界各地。

小知識：

斯雷普尼爾，是巨人國的神馬斯華帝耳弗利和亞薩園的牝馬雜交出來的一種新的優良品種。牠神駿異常，高大威猛，奔跑速度在所有馬中排第一位，最後成為了眾神之主奧丁的著名坐騎——八足神駒，載著奧丁東奔西跑，立下了汗馬功勞。

亞薩和華納兩大神族的會議

多年前，亞薩和華納兩大神族混戰不斷，然而終究力量相當，一方無法完全制服另一方，逐漸上演成者為王、敗者為寇的戲碼，最後只弄得生靈塗炭，硝煙四起。

為了締結和平、維護神族的生活秩序，亞薩和華納兩大神族的眾神們舉行了莊重的會議。然而，在會議中，各式各樣的意見層出不窮，眾神們陷入了長久而混亂的爭執之中。眼見這會議看不到盡頭，為了終結這種無休無止的混亂局面，盡快達到會議初衷，兩大神族領導經過一致商討後，要求眾神一致同意不再胡亂發表意見，以求盡快達成和平盟約。

眾神一致同意這個決定，為了表明自己終止爭執的決心，眾神們還特地舉辦了一個特別的儀式：在會議現場的中央擺上一個碩大的陶罐，每位神祇都往陶罐裡吐上一口唾液，以示自己必定信守承諾，不再浪費口舌去爭吵。關於締結和平的協定，在眾神們的共同努力中很快就敲定下來了，他們決定互相派送人質，以做為維持和平生存的籌碼。亞薩神族送往華納海姆的是海納和智慧巨人密密爾，華納神族送往亞薩園的則是最傑出的華納神尼爾德和他的一對孿生兒女——弗雷和弗蕾亞。自此，亞薩和華納兩大神族之間的會議獲得了圓滿的成功。

會議如同大家預期的順利結束了，然而小小的陶罐卻孕育著奇妙的變化。混合在陶罐裡的亞薩和華納兩大神族每一位神祇的唾液，攜帶著各種巨大的力量與不同的智慧精華，在不可思議的互相作用之下，竟然催生出一個小生命。不得不說，神總是能夠創造奇蹟的。

從這罐眾神的唾液中誕生出來的是一個叫做卡瓦西的男人。他雖然個子矮小，其貌不揚，卻有著非凡的智慧，異常聰明。這般高智商大概得歸功於卡瓦西身上匯集了眾神唾液所攜帶著的無比巨大的力量與智慧精華。懂得豐富的知識，走遍天下都不怕，熱愛旅行的卡瓦西浪跡於天地之間，到處都留下了他瀟灑的足跡。所到之處，卡瓦西隨時隨地解答別人提出的各式各樣的困難問題，教授豐富的智慧和學識。他從未被難倒過，也因此得到了眾人的讚嘆與欽佩。

一日，卡瓦西來到了侏儒國遊歷。兩個狡猾而又心胸狹窄的侏儒法牙拉和戈拉混跡於受教的隊伍中，因為妒忌卡瓦西的智慧和學識，遂起了歹意。法牙拉和戈拉悄悄將卡瓦西拉過來，說有要事和他密談，並想與他進一步深入探討學問，強求他賞臉到他們的住處小敘一番。毫無疑問，這當然是謊話。毫無防備的卡瓦西跟隨侏儒來到了他們的住處——一個陰森幽靜的岩石洞穴。

兩個侏儒讓卡瓦西先坐下休憩一會兒，他們去拿些需要請教的書籍。卡瓦西欣然應允，耐心地等待著兩個侏儒回來。然而，法牙拉和戈拉卻從卡瓦西位置後方的密道中爬上來，趁其不備，從背後一刀捅死了卡瓦西。聰明絕倫的卡瓦西就這樣命喪於兩個歹毒小人之手。

法牙拉和戈拉將卡瓦西的鮮血一滴不漏地流進了陶罐裡，並用一罐蜂蜜混合入鮮血之中攪拌均勻，用特製的方法釀出了一種舉世無雙、帶著腥甜味的靈酒。他們把靈酒裝進三個罐子裡，放入隱蔽的地窖中珍藏起來。從眾神唾液中誕生的卡瓦西的鮮血，充滿了神奇的力量，自然由兩個侏儒釀造的靈酒，也是一種奇特的神物。任何人只要喝上一口靈酒，腦子就能立刻變得很聰明，還能成為一個出口成章的吟唱詩人。

卡瓦西被謀害後不久，兩個侏儒需要出海辦事，便雇了一位叫吉靈的巨人搖船。在海岸上，巨人吉靈與妻子深情吻別後，和兩個侏儒一起出海了。路途中，吉靈無意中得罪了心胸狹窄的侏儒。快回到岸邊的時候，兩個侏儒故意引導小船撞向一堆堅硬的礁石。小船不幸撞上礁石翻倒了，碎得四分五裂。兩個侏儒隨即潛水逃走了，安然無恙地回到了岸上；而不識水性的巨人就這樣深沉海底，一命嗚呼。

吉靈的妻子在家裡苦等了好幾日都沒有見到丈夫平安歸來，便跑去找法牙拉和戈拉。兩個侏儒卻裝得什麼也不知道的樣子，告訴她巨人已經上岸走了。直到一段時間之後，吉靈的妻子又跑去法牙拉和戈拉家想打探消息，卻偷聽到兩個侏儒閒聊時說：「這個傻女人居然還在癡心等待他的丈夫回來，不知道她丈夫早就淹死在大海裡，再也不會回來了，真是個白癡。」聽到這樣的噩耗，吉靈的妻子傷心不已，天天在海邊哭泣，她的哭聲悲天淒地，她的悲傷綿延不絕。悽厲的哭泣聲終日圍繞在住在海邊的兩個侏儒耳畔，他們被這哭聲弄得胸悶氣短，惱怒煩躁。於是，兩個侏儒哄騙吉靈的妻子為丈夫建立一個莊重肅穆的石碑，以便能好好祭奠她的丈夫。吉靈的妻子聽從了這樣的建議，石碑逐漸成形。等到即將完工，吉靈的妻子經過一座石碑周圍的大拱門時，其中的一個侏儒狠毒地從大拱門上推下一塊巨石，就這樣將她砸死了。

蘇特頓是被侏儒謀害的巨人夫妻的獨子。得知雙親被兩個侏儒謀害雙亡的消息時，這個強壯的巨人異常憤怒地趕到了侏儒的居住地，在岩石洞穴裡生擒了這兩個心狠手辣的東西。蘇特頓把他們牢牢地綁在了一個惡浪濤天的礁石島上，讓兩個侏儒受盡惡浪衝擊的折磨而痛苦地慢慢死去，以報父母雪恨之仇。被牢牢捆綁住的兩個侏儒驚恐萬狀地拼命求饒，蘇特頓當然不會輕易放過殺害父母的凶手。法牙拉和戈拉趕緊大聲喊道他們擁有用卡瓦西的鮮血釀造出來的靈酒，願意把這些送給蘇特頓以求換取自己的生命。蘇特頓之前就聽說過這種給予人智慧的神奇之酒，在侏儒的一再蠱惑下，便同意了侏儒的換命條件。

巨人蘇特頓回去後，在尼特堡山崖裡鑿了一個石窟，將三罐靈酒藏在洞中，奉為無上之寶。為了防止被賊人偷走，蘇特頓又派他的女兒庚萊特住在石窟裡，日夜守護著靈酒。巨人族生性吝嗇，自然無論是神祇、精靈、巨人還是侏儒，誰都無緣沾上一滴靈酒，否則格殺勿論。

神通廣大的神族很快就得知了靈酒的傳聞。長時間以來，眾神之主奧丁孜孜不倦地追求廣袤無邊的知識，他當然無法忍受能給予無限智慧的神奇靈酒就這樣暗無天日地被封閉在尼特堡山崖的石窟之中。

當奧丁終於從百忙之中騰出空閒來的時候，他立刻前往靈酒所在之地——尼特堡山崖。在距尼特堡很近的一個莊園裡，奧丁看到九個僕役彎著腰，正在拼命用大彎鐮刀割草。但是他們所使用的鐮刀很鈍，割草非常不利，以致於僕役們個個累得氣喘吁吁。而這家莊園的主人保吉正是巨人蘇特頓的兄弟。奧丁見到這幅場景，便上前說有一塊非常好用的磨石，可以使鐮刀磨得鋒利，割草再也不會吃力。僕役們不相信他的話；就算有，也不相信他有這樣的好心會贈予磨石，便都打發他快走。奧丁笑而不語，從披風裡解下一塊敦實的磨石，親自將九把鐮刀都磨得鋒利無比。然後當場噌的一刀過去，草紛紛掉落。九個僕役看到這塊磨石果真非常有用，都想據為己有，以便能割更多的草，獲得主人更多的讚賞。他們爭先恐後地要求購買這塊磨石，並且為此吵得不可開交。奧丁裝作膽小害怕的樣子，躲開這些惡狠狠撲過來的僕役，揚手把磨石拋到空中，喊到誰搶到就歸誰。愚蠢的僕役們一心想得到這塊在他們眼中神奇無比的磨石而打成了一團，竟不惜用剛剛磨利的鐮刀相互揮砍。一場混亂的惡戰之後，他們互相之間割斷了頭頸，遍地屍首。而奧丁則在混亂中悄悄溜走。

傍晚，奧丁假裝剛巧路過莊園，敲開了門，請求借宿。這家莊園的主人保吉正是巨人蘇特頓的兄弟，他愁眉苦臉地對前來投宿的客人抱怨自己的九個僕役今天莫名其妙地橫屍莊園，而現在正是割草的季節，哪還有多餘的僕役能夠使用。奧丁順勢向保吉建議說，他倒是個工作的好手，可以完成所有割草的任務，但是勞動酬勞是要保吉從他兄弟蘇特頓那裡要一口靈酒喝。保吉為難地說，靈酒是蘇特頓的命根子，他也不能肯定到時候是否真的能夠要到。奧丁裝作轉頭便要走的樣子，保吉連忙拉住奧丁對他承諾，如果真的能夠幫他做完九個人的工作，他到時候一定想盡一切辦法讓奧丁喝上一口靈酒。

整個夏天，奧丁成了最勤勞能幹的農夫，他非常賣力地做著原來需要九個僕役才能完成的農活。保吉對奧丁的表現相當滿意。轉眼冬天來臨了，為了兌現承諾，保吉帶著奧丁來到了蘇特頓的住處，百般懇求他看在兄弟情面上給這個勤勞能幹的農夫一口靈酒喝。但是，吝嗇的蘇特頓斷然拒絕了保吉的請求，毫不留情地將他們趕了出來。

萬般無奈之下，為了酬謝奧丁的保吉，決定幫助他一起盜取靈酒。於是，兩人來到了藏著靈酒的尼特堡山崖旁。在奧丁的鼓動下，保吉用鑽子在山崖上鑽了一個深洞，一直通往藏靈酒的石窟。獲取通往靈酒的通道後，奧丁立刻變成了一條蛇，鑽進了暢通無阻的石壁。保吉發現事態不對而開始後悔，但也只能一聲不吭地回家去了。

奧丁鑽進石窟後，碰到守護靈酒的庚萊特，他用花言巧語騙得了庚萊特那青春萌動的少女之心。在石窟裡，他們一起度過了三個良宵。被愛情迷昏了頭的庚萊特，答應在奧丁離去的時候讓他喝上三口靈酒。獲取庚萊特信任的奧丁趁機分別在三個裝靈酒的罐子裡都喝上了一口。庚萊特怎麼都沒想到，奧丁一口便將罐中的靈酒全部喝進了嘴裡。就這樣，三罐靈酒全被他含在了嘴裡。出了尼特堡山崖的奧丁立即變成了一頭雄鷹，以大功告成的姿勢向亞薩園方向飛去。

在家中閒坐的巨人蘇特頓，無意之中看到一頭鷹從尼特堡的山崖中騰空飛出，頓時起了疑心。他也變成了一頭鷹，飛速地追了上去。奧丁發現有一隻鷹在後面追著他，頓感不妙，立刻加快速度，然而口裡含著三罐靈酒卻使得自己的飛行很不便。後面已看出破綻的蘇特頓窮追不捨，形勢變得異常緊張。早已收到信號等待在亞薩園門口的眾神們，看到兩頭鷹一前一後飛來，便知道奧丁已成功奪取靈酒。他們紛紛踏上圍牆，在牆頭上一字排開了許多罐子。奧丁一到達圍牆，就把靈酒吐進了這些罐子中，飛進了亞薩園內。眾亞薩神都在牆頭上吶喊助威，追至亞薩園的蘇特頓自知寡不敵眾，只能氣惱地飛走了。

成功返回的奧丁毫不吝嗇地把靈酒分贈給亞薩神、精靈和人類中的智者享用。喝了靈酒的神祇、精靈和智者，因而也就個個成了吟唱詩人，撰寫出了許多動人的詩篇。但是，在奧丁被巨人蘇特頓追擊之時，也有一些靈酒在倉皇之中吐到了罐子外面，這些靈酒流了出去，也被一些不知是誰的人喝了。據傳，喝了那種靈酒的人，只能成為假詩人，他們是吟唱不出真正動人的詩篇的。從此，卡瓦西也永遠留在了大家心中。

小知識：

卡瓦西，從眾神的唾液中誕生。個子矮小，其貌不揚，卻有著非凡的智慧。熱愛遊歷講學，解決困難。

青春女神伊敦

青春女神伊敦是著名的黑侏儒伊凡爾第的女兒，可能是由於基因突變的原因，她皮膚白皙，身材高挑，貌美如花，與其他黑侏儒判若不同族人。在伊敦妙齡花季之時，父親伊凡爾第擔心女兒會像他一樣因年齡歲月而皺紋縱橫密佈，因地心引力而肌肉鬆弛下垂。為了永保侏儒族中這難得的絕世姿容，他對伊敦施以天魔大法，讓她得以青春永駐。伊敦長大之後嫁給了奧丁的兒子，也就是詩歌之神布拉基為妻，成為了亞薩園中最美麗的女神之一——青春女神。伊敦女神長得羞花閉月，沉魚落雁，為人大方熱情，對所有生靈都友善和氣，因而博得眾神歡迎。

在亞薩園中，伊敦女神的重要職責是為眾神保管一種神奇的青春蘋果。只有伊敦女神的纖纖玉手，才能採摘下青春蘋果，而且必須裝在命運女神施過咒的籃子中後服用，方能生效。對於青春蘋果來說，伊敦之手和金絲籃缺一不可，否則它離枝後即化作煙塵。這種青春蘋果是亞薩神們定期都需要吃上一點的，這樣才能不像人類一樣衰老死亡，永保青春的美麗與活力。因此，青春蘋果是亞薩園中最珍貴重要的寶物。伊敦女神小心翼翼地把這些青春蘋果放在一個精緻的金籃子裡，日夜勤加看管，唯恐受到絲毫損壞。

一日，眾神之主奧丁攜洛奇和海納一同外出遊歷。在長長的旅途中，三位亞薩神跨越高山荒野，途經過一個荒涼的山谷，決定停腳休憩片刻。正好當時糧食已告罄，飢餓的亞薩神就從山坡下面的牛群中捉來了一頭正在吃草的小公牛。洛奇和海納一同殺死了小牛，他們在一棵高大的橡樹下刨了個坑聚柴生火，然後在上面鋪上石板。待石板被火苗烤得冒煙時，他們將肥牛切成薄片，鋪在石板上炙烤。

三位飢腸轆轆的亞薩神舔著嘴唇，眼巴巴地等著牛肉燒熟，咽著口水想像著一會兒自己吃著滋滋冒油、香氣四溢的肥牛的場面。過了很長一段時間，按常理來說，牛肉一定已經燒熟了。三位亞薩神想得流乾了口水，可是眼前的肥牛還是沒有傳來劈里啪啦的冒油聲，更沒有散發出香氣。他們仔細查看那些攤平的牛肉，居然還都沒有冒煙，伸手去摸摸牛肉，連一點兒溫度都沒有，咬了一口後，驚奇地發現牛肉竟然還是生的。三位亞薩神以為是火還不夠旺，就又添了柴火以加高爐溫。飢腸轆轆的亞薩神只得耐著性子看著牛肉又燒了很長時間，沒想到過了許久牛肉依舊是生的。就在三位亞薩神感到迷惑不解的時候，頭上傳來了令人毛骨悚然的尖笑聲。三位亞薩神抬頭看見橡樹上面停棲著一頭醜陋的大蒼鷹，正揚聲狂笑，眼中滿是鄙夷之色。三位亞薩神頃刻明白了牛肉為何遲遲不熟，起身質問這隻戲謔他們的蒼鷹。這隻蒼鷹實際上是由巨人塞亞西裝扮而成的，他對三位亞薩神說，他有足夠的本領讓牛肉永遠是生的，只有答應讓他分得一份，他們才能吃到燒熟的牛肉。

飢餓難耐的亞薩神們不想破壞這份野餐的樂趣，也懶得和他計較，再說牛肉也多得是，便爽快地答應了蒼鷹的要求。聽到答覆的蒼鷹立即從橡樹上飛下來，棲息在烤著的牛肉旁邊。過了一會兒，牛肉果然熟透了，肥油直冒，散發出陣陣誘人的香味。正等亞薩神們興高采烈地想取肉吃的時候，令人厭惡的蒼鷹還沒有等亞薩神靠近牛肉，就搶先一步把小公牛身上最好最嫩的腿肉搶走，津津有味地吃掉了。

餓得最厲害的洛奇頓時火冒三丈，他隨手操起一根粗壯的樹枝，用力向蒼鷹擲去。吃得入神的巨鷹頓時一抖，嚇得振翅飛上了天空；不過在他飛上天空之前，恰好鐵爪握住了洛奇向他打來的樹枝一頭，而樹枝的另一頭卻奇怪地牢牢黏在了洛奇的手掌上。

就這樣，樹枝連著洛奇被蒼鷹帶上了一望無際的天空。這隻鷹帶著洛奇忽而一飛沖天，高入雲霄；忽而直落千丈，貼地飛行，顛得洛奇把剛才吃下的牛肉全部吐了出來。蒼鷹飛了好久好久，洛奇被拖得筋疲力盡，幾度跌落。得意的蒼鷹又飛了好一段距離後，故意降低高度，使本就氣喘吁吁的洛奇接連撞到山崖上那尖利的樹根和岩石。可憐的洛奇全身傷痕累累，骨骼幾乎要從皮囊裡全部脫落下來。此時此刻，他只能大聲地向蒼鷹求饒，情願為蒼鷹烤上數不清的小公牛，把其中最好、最嫩的牛肉全部都貢獻給他。

看到懦弱的洛奇已經奄奄一息，無法再支撐下去了，蒼鷹這才緩慢地告訴他，自己對小牛肉根本就沒有什麼興趣，他真正想得到的其實是亞薩園裡最美麗的女神伊敦和她守護的重要寶物——青春蘋果。倘若洛奇不承諾把伊敦女神和青春蘋果帶給蒼鷹的話，他就繼續飛，直至把洛奇撞死為止。膽小怕死的洛奇趕緊向蒼鷹發誓，一定在約定的時間之內到約定的地方把他想要的東西帶來。於是，蒼鷹滿意地把狼狽的洛奇扔到地上，瞬間消失得無影無蹤。洛奇趕緊往回逃跑，沒過多久就碰到了前來尋找的奧丁和海納。洛奇隻字不提答應蒼鷹的事情，反而隨便編造了一個在蒼鷹爪下智慧脫身的故事，在亞薩神面前營造了一個勇敢聰明的好形象。

回到亞薩園後，洛奇心懷鬼胎地盤算著究竟該怎樣才能把伊敦女神和青春蘋果如約送到蒼鷹，即巨人塞亞西手中。不得不說，這個毒誓令洛奇大傷腦筋，直至約定時間的那天，洛奇依舊沒有想到好辦法。他苦惱地徘徊在亞薩園內，無意中看見伊敦女神獨自在她的宮殿裡。洛奇靈光一閃，走進伊敦的宮殿，裝作對青春蘋果非常關心的樣子對伊敦說道，他和奧丁、海納出去遊歷的時候，曾在一片小樹林裡看見過許多與青春蘋果一模一樣的蘋果。洛奇此番前來就是想請伊敦女神帶上她的青春蘋果，親自去趟樹林鑑定一下這種蘋果是否有青春蘋果的功能。伊敦女神非常懷疑洛奇的話語，她一直堅定地認為青春蘋果是宇宙間獨一無二的神物，但看到洛奇說得一本正經的樣子，她決定帶上那一金籃的青春蘋果，和洛奇去瞧個究竟。可悲的是，當伊敦女神降臨到那片樹林裡時，等待她的並不是洛奇聲稱的那種和青春蘋果一模一樣的蘋果，而是裝扮成蒼鷹的巨人塞亞西，他從空中俯衝下來，伸出兩隻巨爪將嚇得目瞪口呆的伊敦女神抓住，然後就展翅飛回了巨人國莊園之中。卑劣狡猾的洛奇卻裝作什麼事情也沒有發生，安然地回到了亞薩園中。

塞亞西把伊敦女神抓回家後，由蒼鷹恢復了他本身龐大醜陋的巨人面貌。塞亞西把伊敦女神放在椅子上，輕言細語地對嚇得縮成一團的伊敦說：「別害怕，我不想傷害妳，只要妳把青春蘋果給我吃一顆。」伊敦女神得知巨人只是想吃她的青春蘋果，而不是貪圖美色時，反倒安心下來。她攤開雙手說：「本來我出門時就只帶了一顆，剛才被你抓在空中，連那一顆都給嚇得丟掉了。」塞亞西顯然不相信伊敦的片面之詞：「外界傳言妳的青春蘋果是取之不盡，用之不竭的，怎麼可能只有一顆？別想騙我！」伊敦直言道：「青春蘋果是在樹上摘下來，並且要裝在我的籃子裡面，才會取之不盡，用之不竭的。現在這籃子和青春蘋果都不在我身邊啊！」

索取未果，塞亞西頓時火冒三丈。他認為伊敦一定將青春蘋果藏起來了，便扒光了她的衣服，結果一無所獲。塞亞西想讓伊敦回亞薩園把青春蘋果取來，又怕她一去不返。於是，他威脅道：「我把妳娶了做老婆，妳是我的人後，再回去幫我把青春蘋果取來。」說完，塞亞西的眼睛直勾勾地看向伊敦雪白晶瑩的肌膚，解開衣服躍躍欲試。伊敦聞言大驚，而後笑道：「天地間只有詩神布拉基能做我丈夫，其他沒有經過我認可的人，只要一沾我的身體，就會變成一堆枯骨。否則像我這般年輕漂亮的弱女子，豈不是人人皆可強搶去做老婆？你有本事就來抱著我啊！」說完，伊敦故意扭動著嬌軀向巨人塞亞西撲過去。塞亞西嚇得忙把衣服拋還給伊敦：「別過來！離我遠點！妳不想辦法把青春蘋果取來給我，我也不會放妳走的。」看來，在性命與美色面前，塞亞西還是覺得生命比較可貴的。無可奈何的塞亞西只能先把伊敦軟禁起來。

伊敦女神的突然失蹤，很快在亞薩園引起了大騷動。失去了伊敦女神和青春蘋果，對於亞薩神們來說是件多麼可怕的事情，眾神將會像人類一樣失去青春和活力，不斷衰老甚至死亡。眾神趕忙集中在奧丁的巨大宮殿裡，一起討論這一嚴重事態：伊敦究竟上哪去了？沒了青春蘋果他們該怎麼辦？

在會議上，眾神回想起最後一次見到伊敦的時候，她是和洛奇在一起步出亞薩園。眾神用懷疑的目光尋找洛奇，內心有強烈的直覺覺得此事必定與無賴洛奇有關。眾神之主奧丁立即下令將藉故沒來參加會議的洛奇抓來審訊。被抓到會議廳的洛奇知道東窗事發，隱瞞是斷然沒有用的，便當眾將事情的來龍去脈一五一十地交待了出來。眾神氣得大喊著要將洛奇處死以洩憤。聲淚俱下的洛奇懇求眾神能夠饒恕他的過錯，他保證一定會竭盡全力將伊敦女神和青春蘋果從巨人手中奪回來。眾神討論再三後，決定暫且答應洛奇將功贖罪的懇求，這樣至少奪回伊敦女神和青春蘋果還有一線生機。

承載著眾神的希冀，帶著愛情女神弗蕾亞相助一臂之力的寶物「鷹的羽衣」，洛奇出發了。憑藉「鷹的羽衣」，洛奇以最快速度飛到了巨人塞西亞居住的地方。他在塞亞西的宮殿周圍盤旋了一圈觀察情勢，看見伊敦女神正獨自坐在花園中，手裡正好拿著盛蘋果的金籃子。幸運的是，巨人塞亞西此時也不在宮殿中，而在海上搖船捕魚。

這是一個可以利用的好時機，洛奇喜出望外地直接飛到了伊敦女神身邊，連句話都來不及說就把她和青春蘋果變成了一顆果核，銜在嘴上，騰空向亞薩園飛去。糟糕的是，巨人塞亞西正巧收工回家了，他發現伊敦女神和青春蘋果都不見了，急得四處尋找。塞亞西無意中一抬頭，望見一隻形跡可疑的大鷹剛剛飛過上空，立即意識到這隻鷹有問題，也馬上變成一隻巨大的蒼鷹，追了上去。巨人塞亞西遠比亞薩神洛奇要強壯有力，飛行速度也遠比所謂的「鷹的羽衣」要快得多。飛臨亞薩園的時候，塞亞西和洛奇之間的距離越來越近，幾乎快要追上洛奇。

在亞薩園中焦急等候的眾神看到天空中飛來了兩隻似乎在角逐速度的大鷹，而前頭的那隻嘴上還銜著一顆果核，便明白是奪回伊敦女神和青春蘋果倉惶逃跑的洛奇，後面追著的一定是巨人塞亞西。於是，眾神攜帶著乾柴和刨花登上亞薩園的圍牆接應洛奇。洛奇拼盡最後一點力氣飛過圍牆，掉落在了亞薩園內。牆頭上的眾神齊聲發出吶喊，將刨花和乾柴點燃。緊緊追趕洛奇的巨人塞亞西在高速飛行中煞不住身形，衝撞到了熊熊燃燒的火焰牆頭上。他的翅膀被瞬間燒得無影無蹤，一頭栽落下來。亞薩神一擁而上，果斷地殺死了巨人。伊敦女神回來後，眾神老樹回春，重新獲得了青春活力，這場危機被徹底化解。後來，為報殺父之仇的巨人塞亞西之女絲卡蒂氣勢洶洶地來到亞薩園。不過事情發展總有出人意料的時候，絲卡蒂最終沒和亞薩神大動干戈，反而選了亞薩神尼爾德做為丈夫，也成為了亞薩女神。這又是亞薩園中的另一個故事了。

小知識：

伊敦，北歐神話的青春女神，是亞薩園中最美麗的女神之一。她是著名的侏儒伊凡爾第的女兒，後來嫁給了奧丁的兒子、詩歌之神布拉基為妻，成了亞薩園中的青春女神。伊敦女神不僅美麗得閉月羞花，而且十分大方熱情，對所有的神祇、精靈和侏儒都和氣而友善。在亞薩神的歡宴上，她總是和弗蕾亞、西芙一起熱情地為豪闊的眾神斟酒。在亞薩園中，伊敦女神有一個重要的職司，那就是為眾神保管一種神奇的蘋果。所有的亞薩神定期都要到伊敦那裡吃上一點這種青春蘋果，這樣眾神才能永遠保持年輕；否則的話，他們就會像人類一樣地衰老甚至死亡。

火焰的統治者諾德

在時代的浩劫中，華納神族部分神祇做為人質被送來亞薩園中。其中最傑出的華納神尼爾德，以及他的一對孿生兒女弗雷和弗蕾亞來到亞薩園後，處處充分表現出了巨大的智慧與能力，成為亞薩神中的重要一分子。尼爾德和弗雷逐漸成為舉足輕重的領導者，弗蕾亞也成為能與亞薩園中地位最崇高的女神——奧丁的妻子弗麗嘉相提並論的重要角色，地位極其崇高。

在華納神族的華納海姆與亞薩神族的亞薩園內，尼爾德是風暴、海浪和火焰的統治者，掌管海洋、漁業和港口。因而，以漁業為生的人類格外崇拜尼爾德，出海之前總是虔誠地向他祈禱，希望平安地滿載而歸。尼爾德以慷慨著稱，向他求助的人經常能得到出乎意料的豐厚賞賜。

這裡要說說尼爾德婚事的故事了。當時，巨人塞亞西凶神惡煞地來到亞薩園，企圖劫掠青春女神和青春蘋果。不過，這一舉動被亞薩神發現了，他們發動了大隊人馬群起誅殺了巨人塞亞西。巨人絲卡蒂是塞亞西的女兒，她與父親一同住在山上，經常到深山老林裡射殺凶猛的野獸。當她聽聞父親塞亞西的死訊時，火速前往亞薩園挑釁尋仇。絲卡蒂頭戴金盔，身穿鎖子甲，手持長矛弓箭，現身在亞薩園中時完全是一副拼命三郎的氣勢。

想要息事寧人的亞薩眾神看到這個野性凶煞的女巨人，非常客氣地接待了她，千方百計要平息她的怒氣，希望用和平方式來解決問題。最後，絲卡蒂終於答應不再向亞薩神尋殺父之仇了，但條件是要讓她挑選一位亞薩神做為丈夫，以及亞薩神還要有能力令她開懷一笑。

當然，亞薩眾神中沒有一個會願意跟這位女巨人成為夫妻，更不願意被她揀肥挑瘦。因而，亞薩神只答應讓絲卡蒂根據眾神的雙腳來選擇，而身體的其他部分都嚴密地遮蓋起來。絲卡蒂早有耳聞亞薩園裡人人都稱讚巴爾德爾王子，便有意趁此機會把性情溫良、英俊無比的巴爾德爾選作自己的丈夫。絲卡蒂把眾神露出的雙腳仔細觀察了一番，發現其中有一雙腳的皮膚潔白無瑕，異乎尋常地漂亮。她推斷只有巴爾德爾才會有這樣美麗的腳，因而大呼起來：「我就選這一個了！」然而事與願違，這雙腳的主人恰恰不是巴爾德爾，而是來自華納神族的尼爾德。尼爾德是司海洋與港口的神，長年累月居住在海邊，他的雙腳才會被海浪沖洗得無比潔白。就這樣，尼爾德就和絲卡蒂成就了這一段姻緣。

絲卡蒂的第一個願望已經完成了，而亞薩神還要有能力令她開懷一笑。這個任務自然而然地落到了愛好惡作劇的洛奇頭上，這正是他施展邪門本領的好時候。大庭廣眾之下，洛奇牽來一頭山羊，他把山羊的鬍子繫住繩子一端，另一端栓在自己的生殖器上，玩起拔河比賽來。結果洛奇與山羊雙雙跌倒在地，他還假裝滾倒在絲卡蒂的石榴裙下，出盡洋相，逗樂了絲卡蒂。為了和解這件事，奧丁還把絲卡蒂父親的一雙眼睛變成了兩顆星星，拋上了天空。自此，絲卡蒂和亞薩神之間再也沒有任何仇怨了。

然而，尼爾德和絲卡蒂的婚姻並不美滿，兩者的習慣和愛好相差懸殊，難以培養出長久甜蜜的愛情。尼爾德久居海邊，日夜聽著浪濤之聲，欣賞日落日出的輝煌和海鳥飛翔的雅致；絲卡蒂生長於深山老林，慣於傾聽野獸的吼叫和百鳥的啼唱。剛開始，夫妻雙方尚願互相妥協，商定九天住在尼爾德海邊的宮殿，九天住在絲卡蒂山上的居所。尼爾德在山中住了九天，像是受了九天的酷刑，他大發牢騷，詛咒著野狼的嗥叫聲，發誓再也不去那種深山老林了。同樣，絲卡蒂在海邊住滿九日後，也滿腹怨氣，她被那可厭的浪濤聲弄得整夜睡不著覺。最後，這對本來就沒有感情基礎的夫妻各自過著生活，兩人的婚姻名存實亡。

但不可否認，或許是和尼爾德結婚生活而沾染了不少神的氣息，經常踏著雪靴矯健地奔跑在山林中的巨人絲卡蒂被稱為「雪靴女神」，她成為了一位名副其實的亞薩女神。他們的兒子弗雷儀表堂堂，是所有精靈的統治者，也是雨水、陽光、瓜果的統治者，他賜予人類和平與豐收，因而在亞薩神中的地位也非常顯赫。

弗雷有一條被稱為斯吉德普拉特尼的寶船，那是由最能幹的侏儒精心打造後送給亞薩神的，足以與奧丁的八蹄神馬、索爾的神錘相提並論的寶物。斯吉德普拉特尼是天地之間最不可思議的一條寶船，大到能夠裝載下所有的亞薩神及其武器。當寶船升帆航行的時候，在行駛的方向都會有強勁的順風吹來，使它航行得又快又穩；一旦不使用的時候，它可以折疊成比手帕還要小的一塊放置在身上，輕巧方便。

有一日，眾神之主奧丁到亞薩園外尋求知識和智慧，開拓自己的偉大事業。一直對奧丁寶座充滿好奇的弗雷，趁這個機會潛入了奧丁的宮殿。在奧丁的御座上，弗雷看到了人間、精靈國、巨人國和侏儒國，全部世界的每個地方。他讚嘆著這精彩絕倫的場景，內心滿溢喜悅。在巨人國約頓海姆的一個宮殿裡，弗雷看到了一位極其美麗的姑娘正路過大廳，走向自己的房間。當她抬手推開房門的時候，明媚的陽光照耀在她裸露著的雪白手臂上，散落了一地金子，她的金髮也熠熠發光，美輪美奐，整個世界瞬間顯得格外光明。弗雷的目光定格了，他癡癡地望著這個姑娘，腦子中一片空白，心狂跳不止。

時間一晃而過，當弗雷戀戀不捨地離開奧丁宮殿時，他竟變得非常沮喪與痛苦。或許是老天對於弗雷偷坐奧丁的御座而施予懲罰，弗雷整個腦子都被那位名叫格爾塔的巨人之女強烈地佔據著，他頓時陷入了愛情相思的無限煩惱之中，變得失魂落魄。

弗雷回到自己的宮殿，開始茶飯不思、沉默不語，整個人沉浸在頹廢憂鬱之中。僕人見此情景，也不敢貿然上前詢問，只得悄悄地將一切稟告給了弗雷的父親尼爾德。尼爾德感到十分擔憂，可是問兒子卻問不出個所以然來。弗雷始終不肯告訴父親大人關於自己的暗戀這等不好意思之事的隻字片語。不忍心看到弗雷繼續消沉憔悴下去的尼爾德，只好找來了與弗雷從小一塊長大、最親近的侍從斯基尼爾為他排解困擾。

聰明的斯基尼爾憑藉與弗雷往日的朋友情誼，同時還不失時機地奉承了弗雷幾句，終於使弗雷向他吐露了真情，此刻的他正沉浸在深深暗戀的痛苦之中，如果得不到美麗的巨人之女格爾塔，他的生命也將沒有意義，形同枯槁，寧願即刻死去，化作一縷塵土。

忠誠的斯基尼爾立刻決定前往巨人國，替他的主人向巨人的女兒格爾塔求婚。臨行之前，弗雷交給斯基尼爾兩件寶物，以幫助他順利完成任務。一件是弗雷的駿馬，牠日夜奔馳而不知疲倦，還能夠跨越去約頓海姆必經之路上的一堵熊熊燃燒的火焰之牆。另一件是弗雷心愛的寶劍，能夠不加操持就自己投入戰鬥之中，披荊斬棘，所向披靡。

斯基尼爾一路歷經坎坷艱辛，終於來到了格爾塔居住的宮殿。沒想到，看門僕人非常不歡迎不速之客，堅絕不讓斯基尼爾進入宮殿拜訪。斯基尼爾與僕人大聲爭吵起來，這也引起了看門狗的瘋狂吠叫。這麼大的動靜，自然驚醒了此刻正在宮中休息的格爾塔。她走出宮殿，詢問道：「何人在門口喧譁？」斯基尼爾趕緊把握機會大喊道：「我乃亞薩神的使者斯基尼爾，遠道而來有事相求，請格爾塔賞臉相見。」聽到是一位亞薩神的使者遠道而來拜訪，似有事相求，格爾塔便客氣地請斯基尼爾進門，還奉上了自釀的蜜酒。

斯基尼爾向格爾塔表明來意之後，立即遭到了格爾塔的拒絕，她怎可能貿然嫁給一位連面都不曾見過的陌生男子。斯基尼爾見不行，就實施利誘策略，送上了十一個用純金打造的蘋果和一隻每過九個夜晚就會生出八只同樣手鐲的神奇金手鐲。遺憾的是，美麗的格爾塔一點也不為金銀財寶所打動，斷然拒絕了弗雷的求愛。

斯基尼爾見到利誘不成，拉住要轉身離去的格爾塔，裝作凶狠的樣子拔出弗雷的寶劍，企圖進行威逼。他鼓動如簧之舌，欺騙格爾塔如果不肯答應他的要求，他就會憑著這把神劍的威力，把她送到死亡之國中去，讓她生不如死，永世不得復生。一旦進入死亡之國中，格爾塔將變得極其醜陋，將再也見不到任何神祇和人類，終日與一個三個頭的怪物生活在一起，在黑暗中毫無希望地痛苦過一輩子沒有盡頭的地獄般生活。說完，斯基尼爾裝模作樣地對著神劍唸動盧尼文字的咒語，揚言這一切可怕的事情即將立刻降臨到格爾塔的頭上。自然，對於這位柔弱的姑娘，斯基尼爾的恐嚇成功了。哭得梨花帶雨的格爾塔被迫答應了斯基尼爾的要求，但她告訴斯基尼爾自己需要好好做個準備，九個晚上以後才能與弗雷正式相會。

斯基尼爾凱旋而回，急不可待的弗雷在離家很遠的地方迎接他，詢問此去的結果。斯基尼爾得意地告訴他格爾塔答應九日後前來赴約。沒想到，當弗雷得知自己還要再等九個晚上才能與心上人相會時而憂傷萬分，他嘆了口氣，吟出了著名的愛情詩句：「一夜無比漫長，兩夜不可等待，我怎麼能度過，三個夜晚，竟還有九個夜晚；愛河深處的半個夜晚啊！比一個月的時間還要漫長許多。」

九個晚上在千辛萬苦的等待中成為過去，美麗的格爾塔如約而至。她帶來了一些凶神惡煞的巨人侍從。急不可待的弗雷興沖沖地迎上前去，沒想到剛碰到格爾塔嬌嫩雪白的玉手，就有種被針狠狠刺了一下的感覺。格爾塔裝作很無辜的樣子看著弗雷：「我來赴約了，如果你不碰我也不和我說話，那我可就回去了。」弗雷知道她這番前來做了充足的準備，就等他失去耐心後打道回府。不過弗雷哪是見異思遷之人，他認定了的東西怎麼可能那麼容易改變。弗雷不急不躁地說道：「既然來了就別急著回去吧！做客幾天，看看我們這亞薩園的美麗風景。」弗雷精心安排格爾塔住下，打算真心照顧格爾塔，用漫長的時光來打動她。在弗雷的努力以及眾人的幫助下，格爾塔看到了弗雷點點滴滴的體貼，漸漸被他播撒豐饒、興旺、愛情、和平的瀟灑身姿折服，終於愛上了弗雷，心甘情願地嫁給了他。他們兩個幸福地生活在一起，一直到雷加魯克降臨，世界毀滅的那一天。

這對父子，一個被女巨人一眼相中腳，一個一眼相中女巨人，就這樣一見鍾情，與女巨人產生了感情糾結。

小知識：

弗雷（Freyr），華納神尼爾德之子。弗雷是豐饒、興旺、愛情、和平之神，美麗的仙國阿爾弗海姆的國王。一說他與巴爾德爾同為光明之神，或稱太陽神。他屬下的小精靈在全世界施言行善。他常騎一隻長著金黃色鬃毛的野豬出外巡視。人人都享受著他恩賜的和平與幸福。他有一把寶劍，光芒四射，能騰雲駕霧。他還有一艘袖珍魔船，必要時可運載所有的神和他們的武器。

帝王之位，鹿死誰手？

眾所周知，眾神之主奧丁酷愛旅行。旅行的經歷不僅給了奧丁無窮無盡的樂趣，還給予了他無窮無盡的知識和智慧。奧丁也時常裝扮成老人或者巫師，到人間旅行的同時體察疾苦，懲惡揚善。因而，奧丁的瀟灑神跡也紛紛揚揚地留在了人類居住的中間園內。其中，就有這樣一個流傳人間的故事。

從前，人間裡有一位國王，他的兩個兒子叫做安格納和吉洛德，從小調皮搗蛋。在安格納十歲、吉洛德八歲的那年，有一次，尚未長大的兄弟兩人瞞著家裡人，偷偷搖著小船去河裡捕魚。兄弟兩人找了一處不錯的捕魚點，捋起袖子準備下手。不幸的是，他們捕魚的地方突然颳起了猛烈大風，吹得兄弟兩人完全睜不開眼睛。儘管兩兄弟頂著風拼命划船，小船還是被狂風吹到了一望無際的浩渺大海上。天色漸暗，夜已經降臨，小船在漂泊了很久很久以後，終於在一處海灘上擱淺了。

黑暗中，又餓又累的安格納和吉洛德只能棄船登岸，摸索著向陸地走去。陌生的土地上，他們循著燭光找到了一戶農家。開門的是一對農夫夫婦，兄弟兩人講述了遭遇，請求能夠暫且借宿休憩。恰好這對憨厚老實的夫婦結婚多年無子，便好心收留了兄弟倆，給他們捧來了溫暖的被褥。在這一整個寒冷的冬天裡，老夫妻把安格納和吉洛德當作親生兒子對待，精心照料他們。農夫照料年幼的吉洛德，農婦則負責照料年長的安格納，他們不僅把兄弟倆養得壯壯實實，還教會了他們許多的知識。

轉眼間，春暖花開，兄弟兩人熬過整個寒冷的冬天，便強烈想念自己的家鄉。眼見他們思鄉心切的農夫親手為兄弟倆打造一條小船，方便他們駛回到自己的故鄉。沒多久，小船就造好了，這也意味著送別的日子到了。想到大家即將分別，每個人的內心都非常捨不得。農夫夫妻傷感地將安格納和吉洛德送到海邊，依依惜別。這裡有個小插曲，兄弟兩人即將啟程的時候，農夫悄悄把自己照顧的年幼吉洛德拉過一邊，說了些悄悄話，神祕地教授了一些機宜。

安格納和吉洛德搖著小船，哼著小曲，一路平安前行，眼看離故鄉的國土越來越近。然而，就在他們即將靠岸的時候，站在船頭的吉洛德帶著槳一下子跳上了岸灘，轉身用力將小船推離岸邊。正好大風吹來，加上這一推之力，載著安格納的小船又向海中漂去。

安格納慌張地邊大喊邊用手用力划水，但小船根本無法回頭。原來，這得歸咎於農夫的授意。吉洛德無情地做了這一切後，得意洋洋地對他遠去的兄弟安格納喊道：

「你隨便漂到哪裡去吧！」可憐的安格納被大風和自己的弟弟吉洛德推向了遙遠的巨人國度約頓海姆。成堆的邪惡巨人抓住了安格納，他成了日日服侍巨人的奴隸和平日供巨人玩耍取笑的小丑。

吉洛德獨自一人回到了父王的宮殿。恰逢老國王剛剛亡故，大臣們正在宮殿大廳中發愁。吉洛德安然無恙地出現在了眾人面前，群龍無首的大臣們欣喜萬分地擁戴他做了國王。國家在受到農夫教導過的吉洛德手裡被治理得井井有條。

受盡屈辱的安格納每天都在岩石上劃上深深的一條線，這線蘊藏著他心中無名的怒火。在劃第一千條線的時候，安格納偷取了巨人埋在最高山上的藏寶圖；在劃第二千條線的時候，安格納在雪山深處拔出了曾經屬於光明之神的寶劍；在劃第三千條線的時候，安格納開始祕密製造一艘小船，決心逃離這鬼地方，去找無恥的弟弟報仇雪恨。當風吹進解凍的河裡時，安格納頭也不回地向海中駛去。經過了三個晝夜，他終於看到了自己的故鄉。

霧氣朦朧，安格納踏上故土，清晨的安寧並沒有讓他心中有稍許的平靜。安格納忿恨地將路邊嬌羞含苞著的花往掌心一捏，它還沒來得及綻放清香的花蕾，就香消玉殞在復仇的恨意中。安格納走過了森林與河流、山脈與村莊，終於回到了熟悉的城堡。一路上，他聽到的都是對弟弟吉洛德國王的讚美：討伐蠻夷帶來奴隸和土地，擒獲盜賊帶來平安和貿易，真是一名偉大英明的國王，全民愛戴。而這一切，本來全部都該屬於眼前這位衣衫襤褸的流浪漢——安格納。

憤怒的安格納無法忍受這些人對無恥弟弟的讚美，寶劍以閃電一般的速度劃過了這些歌頌君主的人。安格納長年居住於巨人堆，早已養成了殘忍暴躁的性格。整個土地頓時染成了一片血紅。毫無疑問，沒多久全國就貼滿了用最昂貴的價格通緝他的告示。安格納無路可逃，只好躲進了森林深處。

一日，盜賊團路過森林，在泉水旁邊發現了安格納。盜賊首領跟安格納說：「你好，我的名字叫做霍爾德爾。」安格納狐疑地看著盜賊頭目，隨時都準備著拔出自己的寶劍防禦。霍爾德爾接著說：「你是否願意跟我做筆交易？」「什麼交易？」「我幫你逃離這個國度，代價是你手中的寶劍。」

安格納苦笑著說：「我歷盡千辛萬苦才來到這裡，你卻叫我離開？」「難道你不知道國王現在可是在用五千個金幣通緝你。」「我是不會走的！我只要吉洛德死！」

「吉洛德是這萬里疆土的主人，你憑什麼奪得千人守護的國王的頭顱！」「只要你們願意幫助我，我將告訴你們巨人族埋藏寶藏的地點！」「巨人族生活在遙遠的北方，你怎麼可能知道他們的祕密？」

安格納拔出手中的寶劍指向天空，寶劍在陽光的照耀下閃現出繽紛的顏色。「這就是巨人族從亞薩園中掠奪來的巴爾德爾之劍，得到它的人將獲得無限的力量！」盜賊們聚精會神地看著聖劍，完全沉溺在對無盡寶藏的幻想之中。霍爾德爾開口了：「要我們幫你殺死吉洛德對嗎？也許我們會死很多人，甚至我們整個盜賊團都會滅亡！那付出的代價太大了！」「若成功，你們的收穫也大，將得到巨人族獨一無二的寶藏！」

最終，貪婪戰勝了恐懼。為了得到傳說中的巨人寶藏，盜賊團整日整夜地謀劃著如何殺死國王吉洛德。安格納日日夜夜的憤怒，終於看到了得以發洩的曙光。經過策劃，盜賊們決定趁著吉洛德慣例在每年初春到各地視察，一年內唯一確定離開守衛森嚴的城堡的時機下手。這是戰鬥力處於絕對弱勢的盜賊們謀殺國王的最好機會。霍爾德爾開始籌備計畫，在收集多方情報後，眾人決定在伊斯特下手謀殺。小村莊伊斯特森林環繞，人煙稀少，盜賊們可以藏匿在村莊的周圍，對國王的親衛軍實行偷襲。

安格納看到記恨了十年的仇人衣裳華麗地踏入自己眼簾，他的心就像燃燒著的火山熔漿一樣沸騰。滿腔的仇恨沖昏了安格納的頭腦，他已經無法控制行為，迫切地要衝下山去一刀殺了虛偽無恥的弟弟。當然，霍爾德爾制止了安格納愚蠢的行為。

就在吉洛德國王微笑著發表演說的時候，霍爾德爾一聲令下，無數的圓木從山頂滾向山腳下的伊斯特村莊。同時，冒著火星的弓箭瘋狂地射向了圍在村子中央的人們。不一會兒，山下已然變成一片火海。

狂暴的安格納帶領著盜賊們衝下山去，劍與斧頭已無情地砍向生靈，鮮血四處飛濺，慘叫聲不停地迴蕩在山間。安格納發瘋似地尋找著吉洛德，他等候了那麼久，就為了這一天！然而事與願違，安格納閱盡了倒地的每一個人，踏遍了村莊的每一寸土地，都無法找到國王吉洛德。

霍爾德爾生氣地說：「我們花費鉅資襲擊了這個貧瘠的村子，最後居然什麼也得不到！」安格納掩飾不住自己的失望，但他只得耐心地繼續引誘盜賊，因為他清楚地知道，沒有這些人的幫助，僅憑自己一人之力是不可能達到目的的。「等你們幫我殺死國王，你們將擁有一切。」「我們當然非常願意幫助你，但是這場戰鬥花費了我們所有的積蓄，已經沒有錢來準備第二次襲擊了。」安格納沉默不語。「我們需要資金！」霍爾德爾把話挑明，「你還是告訴我們巨人寶物的藏匿地點，以便讓我們再次籌集資金，否則我們無法再幫助你。」「好吧，寶物藏在約頓海姆東邊大陸的第十三座山上。」「山上的哪裡？」霍爾德爾急切地追問道，「確切的地點呢？」

安格納從懷中掏出了一塊黑色的爛布，用火焰點燃了它。讓人意想不到的是，黑色的爛布被火光吞噬著，卻怎樣也燒不成灰燼。漸漸地，黑色開始褪去，留下了一張灰白色的紙張，這便是巨人族的藏寶圖。霍爾德爾激動地接過地圖，翻來覆去地確認著是否是真正的藏寶圖。

等到肯定後，霍爾德爾仰天大笑。「你一定要幫我殺死吉洛德！」「好的、好的，放心吧！我一定會的。」霍爾德爾笑著拍著安格納的肩膀。可是就在此時，他突然從身後拔出了一把匕首，刺向了安格納的心臟。安格納躲閃不及，中刀倒在了地上。他感到了死神一步步地臨近，吞噬著自己的生命，「為什麼自己落得如此下場？」安格納內心抽痛。

「安格納。」一名身穿鎧甲的女子正飄浮在半空中，對著安格納喊道。正在無邊黑暗中掙扎的安格納問道：「妳是誰？」「瓦爾基里。」女子安詳地說。「瓦爾基里？女武神瓦爾基里？」安格納吃驚地說道。「是的。」「那這裡是？」「你已經死了，我將指引你去瓦爾哈拉，你將為神而戰。」「我只想復仇！」「可是你已經死了，人間的一切你都無法再觸摸了。」「為什麼！我還不想死！」「為神而戰，你將得到你想要的。」

許多年後的一天，眾神之主奧丁和妻子弗麗嘉一起坐在亞薩園中的神奇御座上俯瞰各個世界。無意之中，奧丁在人類的中間園裡看到了已經當上國王威風凜凜的吉洛德。往事一下子湧入記憶中，許多年前，他和弗麗嘉裝扮成農夫和農婦，將兩個走失的年幼兄弟撫養了一整個冬天的事情。

奧丁轉身對弗麗嘉說道：「妳還記得那兩個人類的年幼兄弟嗎？妳看我撫養的這個吉洛德，已經成了位高權重的國王！妳撫養的那個安格納，現在大概在哪個山洞裡和女巨人生了一堆兒子吧？」

弗麗嘉當然知道，當年奧丁為了和她比試，有意讓弟弟吉洛德在回家時算計他的兄弟，順利繼承王位。這樣，奧丁足以向她證明，他的神力智力遠勝於弗麗嘉，就連他倆分別撫養過的兒童成不成材也有天壤之別。

看著奧丁得意洋洋的樣子，弗麗嘉故意只是淡淡地說：「可惜，吉洛德國王是個暴虐之君。他時常無緣無故地虐待子民，百姓早已怨聲載道。」奧丁狐疑地看著弗麗嘉，不願相信她說的話：「胡說！妳沒看見他把國家治理得井井有條，百姓安居樂業嗎？」弗麗嘉笑道：「不信你就自己去看看嘍！」

不服氣的奧丁決定親自前往中間園，微服察訪吉洛德國王的德行作為。事實上，弗麗嘉說吉洛德國王是個暴虐之君其實是一種誹謗，就是為了氣氣奧丁。在奧丁動身之前，早已知道奧丁計畫的弗麗嘉立即派貼身女侍芙拉前去拜見吉洛德國王。芙拉對吉洛德說：「我乃天上的神仙，近日預言出有一個神通廣大的巫師即將降臨到你的國家來了，這個巫師會用妖術蠱惑於你。看你治理國家有方，不忍心你受害，特來提醒你一定要預先提防。」

吉洛德疑惑地問道：「既然巫師如此神通廣大，我又怎能將他辨別出來有效提防呢？」芙拉不慌不忙地回答道：「雖然這個巫師精於變化，但因為他神通廣大，就連最凶惡的狗都不敢朝他吠叫，所以還是很容易就辨認出來的。」

不明就裡的吉洛德還是相信了芙拉的話號令天下，竭力捉拿惡狗見了也退避三舍的巫師。結果，喬裝打扮成巫師的奧丁行走在吉洛德國王的地盤沒多久，很容易就因為所有狗都不敢朝他吠叫而被武士識破抓了起來。當時，身穿著一件深藍色大衣的奧丁很快就被武士扭送到了吉洛德國王的面前。吉洛德問道：「你叫什麼？來此有何目的？」奧丁自稱格里姆尼爾，除此之外，他態度強硬地拒絕回答任何其他的問題。心急火燎又懼怕巫師的吉洛德，等待半天也不見奧丁的回應。為了徹底盤查格里姆尼爾的底細，吉洛德國王下令對他嚴刑拷打逼問。奧丁被綁在了陰濕黑暗的地下牢獄中，害怕他逃跑，又遷移到了宮殿裡面。兩盆熊熊烈火一前一後無情地灼燒著奧丁。八天八夜，奧丁不曾移動身體，也沒有人送上肉食和蜜酒。滴水未進的奧丁被折磨得死去活來。

吉洛德國王有一個年幼的兒子，後來已經登上王位的吉洛德感到頗為對不起自己的兄長，就把兒子的名字取為安格納，以茲紀念。小安格納是個善良的孩子，平日裡四處玩耍的他親眼目睹宮殿裡無端吊著這個被大火烤了八天八夜的可憐老人，感到無比同情與憐憫。他不明白父王為什麼要這樣對待一個弱不禁風的老人。小安格納用一個牛角杯盛了水，偷偷地端去給這個受刑的老人喝。在小安格納看來，吉洛德父王這樣無緣無故地拷打一個不知來歷的老人家，是非常不公正的。

受盡折磨的奧丁接過牛角杯，喝了一口甘露，將剩下的水倒在了身下的火盆中。小安格納不可思議地看到火焰不僅沒有澆滅，反而愈燃愈旺，點著了眼前這位老人那一身深藍色上衣。小安格納呆坐在地上，目不轉睛地盯著這位神奇的老人。火光映照下，奧丁對小安格納吟唱起了一首宏偉的詩歌。在詩歌中，他詳細地敘述了世界與人類的起源、統治世界的眾神、亞薩園裡的情景。詩歌末尾，他揭露了自己的真實身分，世界的最高統治者——奧丁。

在奧丁吟唱的時候，聽到宮殿聲響異常的吉洛德國王手持寶劍跑了進來。剛進了大殿，他就看見火光沖天的巫師在高亢地吟唱；而小安格納坐在地上，癡迷地聽著，全然沒有注意到他的到來。吉洛德國王剛想拔劍發火，卻聽見詩中充滿了他聞所未聞的博大知識，轉而被深深地吸引住了，不知不覺中他鬆開緊握寶劍的手，與小安格納坐在地上一起聽他吟唱。當吉洛德國王聽到這個自稱格里姆尼爾的巫師就是眾神之主奧丁時，不由大吃一驚，感到自己犯下了一個不可饒恕的過錯。

吉洛德國王趕緊起身，伸手欲將奧丁從火焰中拉出。沒想到，早已忘記放置在膝蓋上的寶劍滑落在地，而急著跑上前拉奧丁的吉洛德又不幸一下子絆倒在寶劍的劍口上，當即命喪黃泉。而格里姆尼爾，也就是奧丁，在吉洛德國王死去的時候突然消失得無影無蹤。奧丁當然不知道弗麗嘉早已暗中使了計謀。回到亞薩園的時候，弗麗嘉笑吟吟地迎了上來：「此番行走，感覺如何？」奧丁垂頭喪氣極了：「我沒想到會是這樣的，失望啊！可惜了一條性命。」

吉洛德國王死後，他的兒子小安格納如奧丁所願，繼任了國家的國王。因為深受奧丁的諄諄教悔與寄予的厚望，小安格納為人處事大方得體，治理國家井井有條。在他統治的時期，國家風調雨順，人民安居樂業，中間園內所有人過著幸福的生活。

小知識：

弗麗嘉（Frigg），又譯芙莉格，奧丁的妻子。是愛神，掌管婚姻和家庭，在天堂和冥府中都有統治權。她容貌美麗，金色的頭髮中間夾著白色的羽毛，身著束著金色腰帶的白袍，腰帶上掛一串鑰匙。她喜歡漂亮的服裝和閃光的珠寶。她偷了奧丁的黃金去買一串貴重的項鏈。奧丁發現後，憤而出走。宇宙隨即為冰霜巨人所統治，嚴冬窒息了一切生機。直至七個月後，奧丁回到阿斯加爾德，這場危機才過去。因此享有坐在奧丁寶座上的特權，弗麗嘉有周知宇宙間萬物的力量。她又是睿智的預言者，知道一切未來的事，但是卻沉默，從不說出她所知道的知識。

人類三個等級的誕生

眾神的首領之一希爾達姆曾立下誓言，永做人類忠誠的保護神。為了方便眾神到風景如畫的烏達泉邊來，眾神之主奧丁造起了一座七彩的橋梁比弗羅斯特，從亞薩園的大門口一直通往泉水旁邊。這座橋梁有七種鮮豔的色彩，紅、橙、黃、綠、藍、靛、紫，也就是人類眼中看到的彩虹，它在亞薩園中被稱為彩虹橋。而希爾達姆的職責是日日夜夜警惕地守衛著亞薩園的大門，密切留意著亞薩園必經之路彩虹橋周遭的一舉一動。希爾達姆也經常到人類的中間園中遊歷，據說人類關於奴隸、自由人和貴族的三個等級就是希爾達姆制訂的。

有一日，希爾達姆化名為里格，喬裝踏上了前往人類中間園的道路。行程初始，里格來到了一戶老年夫妻家中。儘管老夫妻穿著寒酸，日子貧苦，但他們還是非常熱情地接待了遠道而來的陌生客人里格。妻子艾達為里格端上了午餐，那是一條又厚又硬、烤得十分粗劣的的麵包與一碗水煮肉。里格表達感謝後進食，然而麵包生澀無味，水煮肉也寡淡無味，但這已是老夫妻家中最好的食物了。里格決定先在這戶人家落腳，每天白天他幫助老夫妻做點農活，夜晚則與這對老夫妻睡在一起。

三天之後，里格離開了這戶農家。不久，妻子艾達竟然生下了一個健康的小男孩，起名叫做特拉耳（意為奴隸）。特拉耳是個非常壯實的孩子，長得還算清秀。沒想到，長大以後卻越來越難看，逐漸變得非常醜陋，他有一頭黑色枯燥的頭髮，一雙神情呆滯的眼睛，脊背彎曲躬立，皮膚粗糙如革，令人退避三舍。但是，特拉耳非常勤勉，他每天日出而作，日落而息，還將大捆大捆的柴禾扛回家中。

有一天，一個同樣醜陋的姑娘突然來到了特拉耳的家中。那姑娘一腳的泥污，大咧咧地一屁股就坐在了屋子的當中，沒多久就和特拉耳打鬧取笑起來，夜晚更順理成章地睡在了一起，一切都顯得那樣的自然而然。這一對男女成了夫妻之後，生下了十二個兒子和九個女兒，這些粗陋高大的孩子們又繁衍出更多後代，人類中的奴隸等級因此而產生。

在人間之旅中，里格來到的第二戶是一個小康家庭。里格來訪的時候，夫妻倆正忙於工作，丈夫把木條削成紗錠，妻子揮動手臂紡紗編織。他們請里格坐在了屋子中央，同樣熱情地招待了他。進餐的時候，里格坐在餐桌中間，享用了夫妻家中最好的食物。在這戶人家中，里格也住了三天，每天晚上同樣睡在夫妻兩人的中間。里格離開以後，秀外慧中的女主人也生下了一個兒子，起名為卡爾（意為自由人，農夫）。

卡爾迅速地長大成人了，他眼神靈活，身材高大有力，性情十分溫良。卡爾非常能幹，耕田播種、飼養牲畜、鍛造農具、建造房屋，樣樣都精通。偶然中，一個精明幹練的美麗姑娘看見了陽光下卡爾揮汗勞作的身影，一見鍾情，她中毒似地愛上了勤快的卡爾。沒多久，他們就互相交換了定情信物，建立了一個男耕女織的小康家庭。卡爾夫妻也生下了許多孩子，由此繁衍出了人類中的自由人等級。

里格最後造訪的第三戶是一個富裕的家庭。在精美的屋舍外，里格見到了男女主人悠閒地坐在庭院裡，互相觸碰手指取樂逗笑。女主人美麗非凡，穿著絲綢製的衣服，勾勒襯托出那高聳的乳房、如雪般潔白細膩的皮膚以及那曼妙的身姿。在這裡，里格依舊受到了熱情款待。就餐的時候，鍍金邊的餐桌上井井有條地擺放著精緻的桌布、一整套用銀子打造的餐具。食物也品種繁多，精美可口。里格享用著烤火腿和家禽的肉，用金杯斟上幾盞美酒，好不逍遙快活。在這戶人家，里格也做了三天的客，每晚睡在夫妻的中間，三人一同睡在那溫暖柔軟的華床上。

里格離開了九個月後，美麗的女主人生下了一個男嬰，取名為雅爾（意為公爵）。小雅爾長得英俊無比，金髮碧眼的他從小就穿著絲綢做成的高級衣服。成長過程中，雅爾學的全是貴族家的功夫，如騎馬擊劍、彎弓狩獵。等雅爾長大後，里格再次來到了這戶富裕人家，教授雅爾許多高深的學問知識，還鼓勵他闖蕩世界、建功立業。

終於在學得一身本領後，雅爾不負所望，騎馬遠征去了。在森林邊緣，有一個美麗的地方，依山傍水，鳥獸群居，雅爾和那裡的戰士進行了一場驚心動魄的戰鬥，獲得了最終勝利，征服並佔有了那片富饒的國土。雅爾擁有了十八戶人家的屬地，成為一方之主。

後來，雅爾娶了一個聰明美麗的富人之女為妻，她為雅爾生下了十二個高大英俊、雄壯有力的兒子。雅爾的兒子們都是偉大的戰士，個個驍勇善戰，精於騎射，他們不斷地向四方出征，獲得了無數的屬地，也都成為了國王和諸侯。從這些國王和諸侯開始，人類就繁衍出了貴族等級。

就這樣，既有力量又有智慧的希爾達姆，帶領人類踏上了人間的綠色大道。人類的階級因此也有三個：身為統治者的貴族、被壓迫的奴隸、處於中間的「自由民」性質的農民。

小知識：

希爾達姆（Heimdall），又名里格，是眾神的守護神，奧丁與海浪九姐妹所生之子。口長著金牙，眼光敏銳深遠，能眼觀四面，無論白天黑夜都能看三百哩遠，亦能耳聽八方，俯伏在地上能聽得見青草生長的嘶嘶聲。他日夜護衛在天界入口要道的比弗羅斯特彩虹橋（Bilrost），防禦冰霜巨人的侵襲。他騎著金鬃馬，肩背奧拉爾號角，遇有緊急情況便吹起號角，召喚眾神祇前來應付。傳說他是天界第一人。眾神末日來臨時，海姆達爾與火神洛奇同歸於盡。

這張煮不爛的鴨子嘴

很久以前，眾神之主奧丁和洛奇因為一些際遇而相識並有緣八拜相交，成了生死與共的結義兄弟。後來，儘管洛奇的雙親、所有的兄弟姐妹均是可怕的巨人，洛奇卻也因為這一層與奧丁的關係，成為了亞薩園中眾神的首領之一。

洛奇面容英俊而高貴，儀表堂堂，但性情極為乖張，時常任意妄為。他憑藉高強的本領到處欺詐行騙；他的花招百出、詭計多端，因此屢屢得逞。這些行為給亞薩園帶來了許多不必要的麻煩，令眾神為此傷透了腦筋。但洛奇也不是一個只會惹是生非的神，他經常憑藉自己的智慧謀劃計謀，為眾神排憂解難，屢建奇功。因此，洛奇在亞薩園中處於一個很奇怪的位置，既是眾神中舉足輕重的人物，也令那些生性耿直的亞薩神非常討厭。在這其中，最憎恨洛奇邪惡本性的，莫過於忠烈剛直的希爾達姆和戰神泰爾，他們通常被稱為「洛奇的敵人」。

洛奇顯然和其他的亞薩神不同，他絕對不是一位勇敢的戰士，沒有一件值得稱道的、屬於自己的獨特武器。他最大的本領便是以他的三寸不爛之舌顛倒黑白，將事物描述得天花亂墜。但當危險真正來臨的時候，他絕對是逃跑得最快的那一個，他時常化為一條鮭魚跳入江河溪流，瞬間淹沒得無影無蹤。為了能在危急關頭盡快消失，他甚至花了很大代價弄到了一雙號稱神行的千里鞋。據傳，這雙鞋能助主人日行千里，跋山涉水如履平地。而洛奇還有一大眾所周知的愛好——惡作劇。

美麗善良的西芙女神是力量之神索爾的妻子，她有一頭非常令人讚嘆的金色長髮，閃耀著比金子還要亮麗誘人的光澤。西芙為她那無以倫比的金髮而感到非常地自豪，經常坐在花園中梳理，引來他人注意。這個行為無意間被洛奇看見了，便勾起了他搞惡作劇的念頭。頑劣的洛奇竟趁西芙睡覺的時候，把她那引以為傲的金髮剪得一乾二淨。醒來後的西芙發現自己的頭髮一根不剩，幾乎暈厥過去，止不住地痛哭起來。索爾回到了家中，見到妻子模樣，馬上知道這一定是洛奇的惡作劇。索爾飛快地衝出家門，一把揪住正在外面四處閒逛的洛奇，怒吼要把他身上的賤骨頭一根一根地拆下來。洛奇被索爾有力的大掌抓得疼痛徹骨，無法掙脫，只得拼命地求饒，他發誓一定去找侏儒國中的能工巧匠，為西芙打造與之前一模一樣的金髮，而且能夠像真的頭髮一樣具有生命力的生長。索爾聽了決定暫時饒恕洛奇，命令他去找尋他所聲稱的金子頭髮，恢復西芙原本的美麗，否則他身上的骨頭很快就會變得七零八落了，永遠無法組合到一起。

現在先來介紹一下侏儒國的狀況，侏儒國位於大地下面，許多侏儒居住在岩石洞穴深處，或者黑色的泥土下面。這些小小的黑色精靈如果被日光照射到了的話，只要一點點，就會熔化掉或者變成石頭。侏儒們雖然躲在陰暗角落，卻素負能工巧匠之名，特別善於用金子打造各式各樣精巧而神奇的寶物。

在侏儒國所有侏儒中，最有才華、最負盛名的匠人是老侏儒伊凡爾第和他的兒子們。亞薩園裡的青春女神伊敦正是伊凡爾第的女兒，掌管著重要的神物——青春蘋果。所以，伊凡爾第家的侏儒們與亞薩園的眾神們有著密不可分的關係。

當洛奇匆匆來到侏儒國請求幫助時，得到了伊凡爾第的兒子們的禮貌接待，他們答應滿足他的要求。當洛奇離開侏儒國時，他果真如願以償地得到了能夠像真的頭髮一樣生長的金子頭髮，還有侏儒們贈送給眾神之主奧丁的一柄長矛及贈送給弗雷能折疊起來的神船。

興高采烈的洛奇走在回去的路上，迎面碰上了伊凡爾第的其中一個兒子布洛克。洛奇得意洋洋地掏出手中的三件寶物，對布洛克吹噓說：「你看看我手中這三件寶物。是不是很炫？聽說，伊凡爾第的兒子中，你哥哥辛德里的名氣最大，但恐怕辛德里再有本事，也做不出和這些寶物一樣神奇的東西吧？」布洛克對他的哥哥辛德里充滿信心，反問洛奇：「做得出來又如何呢？」於是，洛奇信口開河地和布洛克打賭，如果鐵匠辛德里能夠打造出和這三樣寶物一樣神奇的寶物來，就把自己的項上之頭奉送給對方。

兩人隨即一同來到了辛德里的石洞作坊，向他說明了事情原委。在聽完他們打賭的事宜後，少言寡語的侏儒辛德里決定證明一下自己的實力。他不慌不忙地將一塊斑駁的豬皮扔進煉爐中，製作起所謂的寶物起來。過了一會兒，辛德里聲稱有事轉身走出了石洞作坊。在出門之前，他吩咐布洛克要不斷地拉動風箱，在他回來之前絕對不能中斷，以求保持爐膛中的烈火始終能夠熊熊燃燒。沒過多久，有一隻凶惡的蒼蠅飛來停在布洛克正在拉動風箱的手上，狠狠地咬著他手上的皮膚。但是不管蒼蠅咬得多凶多痛多癢，布洛克牢記著辛德里的吩咐，一刻也沒有停下拉風箱的工作。很快，辛德里匆忙趕回到了鐵匠作坊，從始終火光熊熊的熔煉爐中取出了一頭山豬。山豬全身閃耀著燦爛的金光，每一根鬃毛都是金子。

接著，辛德里又往爐子裡扔了一塊金子，再次囑咐布洛克一定要在他回來之前不斷地拉動風箱，然後又轉身離開了石洞作坊。洛奇不敢相信親眼所見，辛德里居然輕輕鬆鬆地把一塊破爛豬皮煉成了一頭神祕的金鬃野豬，不免為自己的項上人頭擔心起來。於是，洛奇變出了一隻蒼蠅飛到了布洛克的脖子上，惡狠狠地咬他。布洛克的脖子被蒼蠅咬得疼痛難忍，但他仍堅持一心一意地不停拉著風箱，直到辛德里再次回來。這一次，辛德里從爐中取出了一只閃閃發光的金手鐲。

最後，辛德里把一塊生鐵扔進了烈焰之中，依然神祕地離開了作坊。又驚又怕的洛奇為了保住自己的性命，變成了一隻又大又凶的蒼蠅，停在了布洛克的眉眼之間。為了干擾布洛克，這隻蒼蠅毫不留情地咬著他的皮肉。布洛克強忍著痛楚，一刻不停地拉動風箱。漸漸地，他的眉眼被蒼蠅咬得皮開肉綻，鮮血從傷口源源不斷地流出來，很快就糊住了他的眼睛。布洛克無法看清眼前的風箱，無奈之下，他只好抬手擦了一下眼睛，看清眼前的視線，驅趕走這可惡的蒼蠅。這一瞬間，爐膛中的火焰驟然變得微弱下來了，辛德里也正好從外面回到了石洞中。儘管火勢才減弱了一瞬間，還是在熔煉快要完成時，辛德里還是十分不滿地責罵布洛克不該停下拉風箱的手而去驅趕不知從哪來的蒼蠅。這一次，辛德里從爐膛中取出了一把雖不精巧，卻十分結實的鐵錘。

辛德里把金鬃山豬、金子手鐲、鐵錘一併交給了布洛克，讓布洛克和洛奇同去亞薩園，由奧丁、索爾和弗雷三位神祇一同來評判這三樣煉出的寶物與洛奇手中的三件寶物金子頭髮、長矛、神船相比，到底孰優孰劣。

當洛奇和布洛克回到了亞薩園的時候，恰逢眾神正在奧丁的宮殿裡聚集著商議事務。首先，洛奇履行了承諾，將金子頭髮交到了索爾手上，索爾為西芙戴上假髮，果真，這金子頭髮看起來完全跟真的頭髮一樣有活力，而且使西芙顯得更加光彩照人、美麗優雅。索爾相當滿意，決定看在金子頭髮的份上饒恕洛奇。接著，洛奇向奧丁獻上了侏儒們為他打造的長矛。這柄長矛一旦投擲出手，絕對能擊中目標，它還是全世界最銳利的武器，能夠刺透任何抵擋的盾牌。最後，洛奇把神船交給了弗雷。這是一條折疊後小到能放在口袋中，打開又能容下千軍萬馬的神奇寶船。

這時，侏儒布洛克上前說出了賭約事由，獻上他的三件寶物。布洛克送給奧丁的是那只熠熠發光的金手鐲。這只看起來普普通通的金鐲實際上是一個聚寶盆，每隔九個晚上就能生出八只一模一樣的金手鐲。奧丁高興地收下了手鐲這個貴重的禮物。布洛克又向弗雷獻上了金鬃山豬。這隻金鬃山豬能夠跨越重山峻嶺，能夠飛越海洋和湖泊，能夠日日夜夜地奔馳永不停歇。更為奇特的是，山豬頭上的金鬃會發出明亮的光線，將黑夜中奔馳時的道路照得如同白晝。最後，布洛克把鐵錘交給了索爾，他說，這把錘子是天地之下最有力的武器，只要用力把它擲向目標，任何東西都不堪一擊。而在擊中目標後，無論擲得多遠的錘子都會自動地飛回到主人的手中。這把神錘同樣可以變小變大，足以藏匿在胸口而不被敵人發現。然而，因為在熔煉的最後階段洛奇干擾了布洛克，而使火勢減弱，致使這把神錘有了一個小小的缺陷，把柄略為短了一點，不過幸虧這並不影響它發揮威力。

經過長久的討論，奧丁、索爾和弗雷一致認為，辛德里兄弟送給索爾的神錘是所有寶物中最為傑出的，這樣有力的武器正好能為日日和巨人們進行戰鬥的亞薩神提供強大的力量。尊稱為力量之神的索爾有了這樣一把神錘，恰如猛虎添翼，不僅能夠更好地保衛天地，還能大大提高亞薩神族的聲望。這把神錘以外的寶物，也都個個巧奪天工，難以分出高下。因此，綜合評判來看，奧丁宣布洛奇和辛德里兄弟的賭約，由辛德里和布洛克獲勝，洛奇應遵守諾言，向辛德里兄弟交付競賭之物——項上人頭。

對於這樣的判決結果，洛奇也做好了充足的心理準備。他一點也不吃驚，比起這三位輕而易舉地就把自己大好頭顱判給了侏儒的神族領袖，其他的亞薩神想找機會懲治他的心情要迫切得多了。機智善變的洛奇面不改色地開始和布洛克商量，希望用金銀財寶來贖回他的項上人頭。他猜想，對於貪財的侏儒來說，財富或許要比他這顆不值錢的腦袋要有用多了。但是，布洛克沒忘記自己曾經被變成蒼蠅的洛奇咬得頭破血流，他毫不猶豫地拒絕了洛奇的建議，非要取下他的項上之頭不可。三十六計走為上策，眼看無法逃脫的洛奇，踏著他那雙日行千里的神行鞋拔腳就跑。然而，早已收受了侏儒好處的索爾，口口聲聲地大喊著維持公道，大義凜然地把洛奇抓了回來。

被抓回的洛奇又心生一計，他聲稱自己這腦袋看來是保不住了，會遵守賭約讓布洛克割去；但打賭的時候並沒有說脖子也一併賭上，倘若真的要割他腦袋的話，在主持公道的大神面前，布洛克絕對不可把他的脖子割走一星半點。布洛克當然做不到只割走洛奇的腦袋而不牽連到一星半點脖子上的皮肉。萬般無奈之下，持刀的侏儒決定把洛奇這張花言巧語的嘴巴割成碎片，以防他再胡說八道。糟糕的是，洛奇臉皮太厚，他的嘴唇竟絲毫無法被刀割傷。布洛克嘆息道，如果有兄弟辛德里的小尖鑽在握就好了，便可以鑽透這兩片厚顏無恥的嘴唇。話音剛落，辛德里的尖鑽即時出現，準確地扎在了洛奇的嘴唇上。布洛克就用這天賜的尖鑽扎洞，一針一線地把洛奇的嘴唇牢牢地縫了起來。沒想到，當履行了這個賭約，眾人散盡時，洛奇竟能用牙咬開縫著嘴唇的絲線，得意洋洋地離去，而他那嘴唇沒過多久就恢復如初。

這次的惡作劇和競賭，著實使洛奇受了一些皮肉之苦，只可惜他並未在這次歷程中汲取教訓，依舊故我。幸運的是，這次經歷卻給亞薩園的眾神們帶來了許多無價之寶。這些寶物，在亞薩神日後的生活與戰鬥中發揮了巨大的用處。

小知識：

泰爾（Tyr），戰神，巨人希米兒之子。傳說他是契約的擔保人，盟誓的保護者。當其他的神與芬里斯怪狼開玩笑、把牠捆綁起來的時候，泰爾做為信用的保證人將手臂伸進狼的嘴裡。狼發現捆綁牠的眾神實際上是設下圈套，立即咬斷泰爾的手臂。從此泰爾成了獨臂神。但他身佩寶劍，總顯得威風凜凜，古代按劍盟誓的習俗即起源於北歐人對戰神泰爾的崇拜。許多傳統的劍舞，都是為紀念戰神而編導的。

第二章 王行天下

聰明反被聰明誤

亞薩園中的力量之神索爾，與妻子西芙女神生有一個女兒斯露德。她不僅和母親西芙一樣擁有一頭光彩奪目的金髮，而且皮膚也像冰雪一樣地潔白晶瑩，光華嬌嫩，是亞薩園中最美麗的少女之一。索爾鍾愛這個女兒，將其視為掌上明珠。

一日，索爾帶著洛奇在東邊和巨人激烈作戰。此時，亞薩園來了一個不速之客——侏儒國中號稱「全智者」的侏儒。侏儒「全智者」帶著打造的珍貴禮物拜見眾神之主奧丁，他當著眾亞薩神的面說：「尊敬亞薩神啊！請允許我來介紹一下自己，我在侏儒國中被冠以『全智者』的名號，不知各位是否敢與我賭上一賭？」亞薩神聽到這等挑釁，當然不服氣地大喊道：「就憑你，誰不敢啊！」侏儒「全智者」笑著說：「看來諸位亞薩神都是豪爽之神。既然打賭，必得有賭約與賭注。你們隨便問我問題，倘若我答不上來，我帶來的寶物與我自己任憑亞薩神們處置。如果你們輸了，願意給我什麼？」

眾神壓根不相信這麼個小侏儒會贏，隨口許諾道：「如果你贏了，我們就把索爾的美麗女兒斯露德嫁給你。」侏儒「全智者」素聞斯露德是巨人畏懼的力量之神索爾鍾愛的女兒，而且也是亞薩園中最美麗的少女之一，不由暗喜：「一言為定！」侏儒

「全智者」故意挑起亞薩園的眾神與其競賭的陰謀得逞了。出乎眾神意料之外的是，這個「全智者」居然是侏儒國中最有學問和智慧的侏儒，上察天文，下觀地理，九個世界的來龍去脈無所不知，無所不曉，任何問題都沒難倒他。自然，侏儒「全智者」在競賭中贏了亞薩眾神。

既然輸了賭約，亞薩神不得不恪守當時隨口許下的諾言，將索爾美麗的女兒斯露德下嫁給侏儒「全智者」。侏儒「全智者」要求即刻履行婚約，亞薩神慶幸此時索爾正好不在園中，否則他肯定不會把自己心愛的女兒嫁給侏儒。這個好時機正好方便眾神自作主張地擅自操辦起婚事來。他們硬生生地阻擋了西芙女神，拉著斯露德梳妝打扮起來。可憐的斯露德無法反抗，只得任由眾亞薩神擺佈。得意洋洋的侏儒「全智者」，以為自己馬上能娶到亞薩園中有名的美麗少女斯露德為妻，高興得手舞足蹈。還興高采烈地為自己置辦了一套新郎的衣冠，帶著迎親隊伍吹吹打打、聲勢浩大地前來亞薩園。隨後，他還在亞薩園大宴眾神和賓客，將婚事辦得熱鬧非凡，傳揚在外。

就在婚宴接近尾聲，侏儒「全智者」扯著新娘斯露德要入洞房的時候，力量之神索爾從遠方的巨人國風塵僕僕地趕回來了。正是由於侏儒的鋪張宣揚，使得遠在巨人國被眾神隱瞞消息的索爾聽聞亞薩園的喜事將近，也匆匆趕回來湊熱鬧。索爾看見整個亞薩園張燈結綵的，趕忙詢問到底是哪位神祇結婚。

一看見是力量之神索爾回來了，眾亞薩神不是紛紛避讓就是吞吞吐吐，沉默不語，弄得索爾愈發好奇。沒想到，這個不知死活的侏儒「全智者」聽到索爾回來的消息，居然還在四處找尋索爾。最後，還是機靈的洛奇跑去打聽到了消息，唯恐天下不亂地立刻把事情一五一十地告訴了索爾。

一聽說眾神居然趁他不在的時候許諾把他的掌上明珠嫁給一個外形猥瑣的侏儒，索爾頓時火冒三丈，立刻掄起神錘想要去一錘了結那不自量力的侏儒。但是，一旁的亞薩神拉住了索爾，勸說道：「你如果在亞薩神眾兄弟面前發作，抑或是當著眾人一錘砸死侏儒，不但亞薩神會遭天下恥笑，你也會一輩子留下一個不尊重諾言的惡名。為這麼個東西遭此惡名，還讓眾亞薩神心存芥蒂，實在是不值得啊！」

索爾想想的確不值，於是強壓心頭之火，派僕人將侏儒「全智者」叫到他的宮殿中說話。侏儒「全智者」一聽說是岳父召見，興沖沖地跑去宮殿，他可巴不得全世界都知道力量之神索爾是他的岳父。一見到岳父的身影，侏儒「全智者」就高聲打招呼：

「岳父大人，小婿給你一拜！」沒想到，等待他的是索爾怒氣沖沖的一張臉。索爾非常粗暴地對侏儒「全智者」說：「你這種生來就不配娶親的白鼻子難看矮侏儒算是什麼東西，居然敢來娶我索爾的女兒為妻！最好給我識相一點，趕緊打道回府，尚且能保全一條小命。」侏儒「全智者」一見來著不善，立刻收起笑容，不卑不亢地答道：「我就是那種住在大地下面岩石洞中的侏儒，不過承蒙九個世界的生靈看得起，還都會尊稱我一聲『全智者』。娶你的女兒為妻又不是我提出來的要求，而是你們亞薩眾神許諾的，人證多著呢！你總不會公然隨便地撕毀承諾，也就是撕毀亞薩神的臉面吧？」

索爾聽罷，明白這個侏儒絕對不是那種嚇唬一下就能打發走的等閒之輩，立即決定轉換策略逼其就範。索爾拼命壓住心頭之火，用稍微緩和一點的語氣對侏儒「全智者」說：「眾神固然會恪守承諾，但他們與我的處境不一樣。我索爾身為其父，他們未經我允許擅自作主，這也是不尊重我的體現。如果我不答應，你也休想把我的女兒娶走，想必其他亞薩神也不好阻攔，因為他們對我理虧在先，你覺得呢？」

雙方對峙了幾分鐘後，侏儒「全智者」問道：「父親言之有理，請問您有什麼要求呢？」索爾強忍聽到「父親」兩字的不適，緩緩說道：「既然你號稱是『全智者』，就讓我問你一點天地之間的大事吧！你若能回答出我所有問題，想必真是智慧超群之人，你一定能讓她衣食無憂，那我保證會高高興興地把女兒嫁給你。」侏儒「全智者」自恃學富五車，才高八斗，善於口舌之辯，聽到索爾的要求長長舒了口氣，欣然同意了。

於是，索爾開始發問了。果然，所有的問題都是天地之間一些最根本的，也是最複雜的大事。索爾先從自然現象問起：「天地日月是怎樣形成的？」侏儒「全智者」不慌不忙地回答道：「很久很久以前的洪荒時代，天地一片混沌，沒有天空和大地，沒有太陽和月亮，巨大的生靈伊米爾，在火焰國的熱浪和冰雪國的寒氣不斷作用下誕生了。奧丁、威利和維三位神的祖先在殺掉了龐大的巨人伊米爾以後，開始計畫創造一個舒適而美麗的世界。眾神一起動手，把伊米爾的巨大身軀肢解開來。他們把伊米爾的肉體放在了金恩加鴻溝的正中間，將此做為大地。眾神用他的骨骼造成丘陵和山脈，用他的血造成海洋和湖泊，用他的牙齒和零碎的顎骨造成岩崖和卵石，用他的頭髮和鬍子造成樹木和青草，形成了完整的大地。在大地造成以後，眾神把伊米爾的腦殼上拋，形成了天空；把他的腦漿拋散到天空上面，形成雲彩。為了不讓天空從上方掉下來，眾神派了四個侏儒分別到東、南、西、北四個角落，用他們的肩膀支撐住天空的四角。而日月是因為在巨人國裡，有一個巨人生有一兒一女，分別叫做月亮和太陽，長得很英俊美麗，光彩奪目。驕傲的巨人經常向其他生靈稱讚這對兒女如何如何出眾，而引起了眾神的注意。後來，眾神就把這兩個孩子從巨人國帶走，交給他們兩匹駿馬和一輛大馬車，讓他們晝夜更替地在天空上巡行。從此，稱為太陽的男孩發著金光，跟著白天，稱為月亮的女孩發著銀光，跟著夜晚，分別在天空上不斷奔馳。

就像這個問題一樣，索爾繼問到了雲霧、波浪、火焰、森林、山川、晝夜，偶爾也插入一兩個關於啤酒的釀造方法之類的古怪問題。當然，這個醜陋的侏儒也不枉被稱為「全智者」，他如數家珍地將這些事物的來龍去脈耐心地一一解說給索爾聽。

最讓索爾略微佩服的是，這個不起眼的難看侏儒居然熟知這些事物在亞薩神族、華納神族、精靈國和巨人國等各個世界中的不同名稱。當然，這些簡單而又複雜問題都是那樣糾纏深遠，再加上索爾刻意地深入提問，侏儒「全智者」本身又想顯現他的知識面廣，花了很長時間來解答清楚每個問題。就這樣，在索爾和侏儒「全智者」一問一答的漫長過程中，黑夜漸漸地消逝了。

第一縷黎明的光芒照射進索爾的宮殿中的時候，侏儒「全智者」正好回答完索爾的最後一個問題。「岳父大人，您還滿意嗎？」侏儒「全智者」問。話音未落，就聽得一聲慘叫。此時，用手理著紅鬍子的索爾，得意洋洋地大笑起來：「你的確是我所見過最能言善辯的侏儒了。你滿腹學問，碩智廣識，恐怕天地之間是無人能夠難倒你了。可惜啊可惜，你錯就錯在要娶我索爾的女兒為妻！這許多問題只不過是引你鑽入圈套罷了！天作孽猶可恕，自作孽不可活啊！」

這是怎麼一回事呢？原來，黎明已經降臨了，像所有居住在陰暗洞穴中，照不得白日光明的侏儒一樣，侏儒「全智者」可憐地變成了一塊沒有生命的石頭，縱使滿腹經綸也難逃這自然規律啊！講得津津有味的他絲毫沒注意到這黎明曙光的到來。索爾拾起「石頭」，隨手就扔出了亞薩園。他拉出了在房間裡哭得梨花帶雨、瑟瑟發抖的斯露德，安撫說：「女兒別怕，我一定不會讓妳吃虧的！」就這樣，索爾既沒動干戈，也無需承擔惡名地消滅了侏儒「全智者」，保住了他心愛的美麗女兒斯露德。索爾警告亞薩神，倘若再趁他不在亞薩園內，就亂打他女兒斯露德的主意，他力量之神就不再幫助亞薩園抵禦外敵，抗擊巨人。亞薩神自然紛紛應聲，他們可不想失去索爾這個保護神。為這次打賭鬧劇，亞薩眾神請索爾喝了好幾次酒道歉，才平息了他的怒氣。從今之後，索爾又馳騁沙場，和巨人激烈作戰。

後來，亞薩園中流傳這一首嘲諷侏儒「全智者」的歌：

不曾見過，你如此地善辯，語言中充滿了智慧的財富；

可惜我只是以談話哄騙你，黎明來臨，你變成石頭吧！

小知識：

西芙，力量之神索爾的妻子，是土地和收穫女神。她與索爾有兩個孩子，兒子摩迪和女兒斯露德。摩迪是憤怒的人格化，斯露德則是女武神之一。除此之外，她另外還有一個孩子，冬神——烏勒爾。

特別值得稱道的是，她有一頭金色的長髮，閃耀著比金子還要美麗的光澤。西芙女神為此感到非常的自豪，經常坐在她的花園中梳理那一頭金髮，引起了洛奇惡作劇的念頭。洛奇在西芙睡覺的時候，把她引以為傲的一頭金髮剪得一乾二淨。他的惡作劇使得西芙非常地悲傷，從此世界上禍亂相尋。

假扮新娘奪神錘

亞薩神領袖之一索爾，是眾神之主奧丁與女巨人「大地」的兒子，他是亞薩園中最為威武有力的神。索爾因為標誌性特徵——一把濃密的紅色鬍子，也被稱為「紅鬍子」神。索爾憑藉那山一般魁梧的體形所蘊含的神力，成為了人類中農夫、自由人和平民的保護神。他負責保護人類的中間園，防禦一切凶惡的巨人侵犯。

索爾靠兩隻力大無窮的山羊拖曳戰車，進行戰鬥。山羊車奔馳的時候會發出驚天動地的聲響，這轟隆隆的響聲在人間就被成為天上的雷鳴。每當天上打響雷的時候，人類就明白一定是索爾又駕馭著山羊車去和凶惡的巨人作戰了。因此，索爾又被人類稱為雷神。索爾時常必須與凶惡的巨人生死搏鬥，身上總少不了披掛著各式各樣的武器，其中最著名的就是侏儒辛德里打造的神錘。就連巨人國約頓海姆中最孤陋寡聞的巨人，也一定清楚地知道索爾那威力無窮的神錘。在戰鬥時，這把神錘從索爾強壯有力的手臂飛出，以迅雷不及掩耳之勢一舉擊中目標，從來準確無誤。所有的巨人都對神錘聞風喪膽，因為它已經敲碎無數巨人的天靈蓋了。索爾還繫著一條力量之帶，助他的神力成倍增加，而他的鐵手套則令他在投擲鐵錘時更加有力精確。

索爾居住的宮殿和瓦爾哈爾宮一樣有五百四十道門，在亞薩園中也算是相當宏大的。宮殿後面還有一座美麗無比的花園，到處鳥語花香。當然，鮮花配美女，這座花園是索爾為了漂亮的妻子西芙修建的，她坐在花園中時，一頭舉世無雙的金髮在鮮花叢中閃爍著無以倫比的光芒。

有一天，索爾在宏大的宮殿裡睡醒時，意外地發現自己的神錘竟然不見了。這樣的貼身寶物倏忽之間消失了，著實匪夷所思。索爾他拉著鬍子，扯著紅色的頭髮，氣急敗壞地四處尋找，卻一無所獲。他只得把機靈的朋友洛奇叫來幫忙，一起去尋找神錘的下落。洛奇自然不想放棄這樣一個能夠表現的大好機會，便一口答應幫索爾的忙。

聰明的洛奇直覺感到這次失蹤的神錘得去巨人國找尋，他匆匆來到愛情女神弗蕾亞的宮殿中，求借寶物「鷹的羽衣」。弗蕾亞滔滔不絕地誇耀著用金銀打造的「鷹的羽衣」，卻沒有出借的意思，急得洛奇大喊：「到底借不借啊？我還得去找索爾的神錘啊！」弗蕾亞趕忙詢問出了什麼事，一聽說事關神錘，馬上把它大方地借給了洛奇。洛奇穿上「鷹的羽衣」，立刻像鳥兒一樣飛騰起來，前往巨人國。

洛奇飛到巨人國約頓海姆上空，看到巨人塞留姆坐在一個山崗上邊哼著歌邊為心愛的駿馬修剪鬃毛。塞留姆感到頭上掠過一片陰影，抬頭正好看到神色慌張的洛奇。

塞留姆大聲地喊道：「喂，眾神和精靈們最近可好，你匆匆來到巨人國有何貴事？」洛奇答道：「眾神和精靈們都有大麻煩了，是不是你偷了神錘？」塞留姆得意洋洋地大方承認說：「你找對人了，就是我偷走了索爾的神錘。」「小賊，還不快還來！」「我已經將它藏到了地下八英里，你們縱有天大本事也休想把它找回來。」「你想幹什麼？」「只要你們把愛情女神弗蕾亞打扮成待嫁的新娘送到我家，我自然將神錘歸還，你就可以輕而易舉地拿回錘子。」

事關重大，洛奇無法自主決斷，旋即穿起「鷹的羽衣」飛回亞薩園。在召集眾神開會前，洛奇急功近利地找到了愛情女神弗蕾亞：「弗蕾亞啊，我可是找到了索爾的神錘啊！」「那可恭喜你啦！可以把羽衣還給我了吧？」「可是對方不肯歸還，他提了個要求。」「什麼要求啊？」見弗蕾亞上鉤了，洛奇趕忙說道：「他要的是妳弗蕾亞啊！為了索爾的神錘，妳就屈嫁巨人塞留姆吧！亞薩眾神都會感激妳的。」心高氣傲的弗蕾亞自然不肯下嫁給可惡的巨人塞留姆，她毫不猶豫地責罵洛奇，將他趕出宮殿。亞薩園眾神圍坐在宏大壯麗的會議廳裡沉默不語，一籌莫展。索爾失去了亞薩園中最重要的武器神錘密爾納，可能再也無法有效地打擊凶惡的巨人，那麼，亞薩園的安全也將危在旦夕。

很長一段時間的沉默後，守護神希爾達姆突然想出一個大膽的主意：索爾可以冒充弗蕾亞打扮成新娘模樣，前往巨人國塞留姆之家，再伺機奪回神錘。索爾一聽當即反對，他堂堂力量之神豈能裝扮成一個羞答答的新娘，這遭人嗤笑的行為實在太過荒唐！然而，在座的其他亞薩神都覺得這個主意不錯，死馬當活馬醫，姑且還有一絲希望。眾神一擁而上，不顧索爾的反對就幫他打扮起來。在眾神的強勢語言攻擊下，索爾只得無奈地同意了。亞薩神將索爾的紅鬍子和腿毛都遮蓋起來，為索爾戴上高高的華冠，遮上面紗，穿上了新娘的嫁衣，佩上珠光寶氣的項鏈，胸口別上寶石的裝飾，腰部掛上一大串象徵善理家財的鑰匙。眾神還把洛奇打扮成了一個侍女，跟隨索爾前去巨人國約頓海姆，以便有個照應。

當巨人塞留姆得知弗蕾亞已經答應下嫁於他的消息後，不由高興得手舞足蹈。塞留姆下令僕人好好準備起來，為這次婚禮大肆鋪張一下，力求將婚事辦得熱鬧非凡，傳揚在外。宴會將至，塞留姆的宮殿裡已然佈置得煥然一新，所有的財寶都擺在最顯眼的地方，精緻昂貴的器皿裡盛滿了豐盛的美酒佳餚。塞留姆興高采烈地為自己置辦了一套新郎的衣冠，穿戴起來，讓迎親隊伍吹吹打打、聲勢浩大地在宮殿面前等待新娘弗蕾亞。新娘和侍女到達現場後，狂歡的宴會立即開始了。

索爾不理會迎上前來祝賀的賓客，也不理會向他伸出手來的塞留姆。深怕一說話、一接觸就露了陷，正巧肚子也有些餓了。他環顧四周，一聲不響走向宴會席位置，不理會任何人，坐上一個席位就埋頭大吃起來。在眾目睽睽之下，沒一會兒，這位透著古怪的新娘已經獨自解決掉了一整頭牛、八條大鮭魚和三大桶蜜酒。巨人塞留姆為此感到驚詫萬分，美麗的愛情女神弗蕾亞的食量竟然如此驚人，實在是聞所未聞。瞧見塞留姆神色有異，洛奇假扮的侍女立即上前解釋道：「請新郎官諒解我可憐的主人吧！她渴望在幸福的婚禮擁有更動人的身姿，已八個日夜不曾吃過東西。」一聽侍女這樣一說，巨人塞留姆頓時釋然了，他滿心喜悅地上前揭開新娘的面紗，想要去親吻一下嬌妻的小嘴。沒想到捋起一半的面紗下，是新娘那一雙透著威嚴和怒火的眼睛，把塞留姆嚇得一躍而起。侍女馬上又來開解說：「請諒解她吧！她為這幸福的婚禮激動得八個晚上不曾闔上眼睛，期待愛情的人總是會眼冒火花的！」

被愛情衝昏頭腦的巨人塞留姆，對侍女胡編亂造的謊言居然也有些相信了，他緩緩地點了點頭，有些猶豫地坐在了新娘旁。洛奇假扮的侍女小心翼翼地說道：「新郎啊，你不要迷茫也不要心急，請相信我的主人早已傾心於你，她為這婚禮激動得吃不下睡不著。你好生招待賓客，我先攙新娘回房，她急切地期待與你洞房喔！」這番話令塞留姆眉開眼笑，他連聲應道：「好，好，好！」洛奇扶著假新娘離開，臨走的時候還握著假新娘的手故意去掐了塞留姆屁股一下。塞留姆這下欣喜若狂，他喊道：「夫人且慢，我有定情信物要送給妳！」他下令僕人把索爾的神錘拿來，當作愛情信物送給弗蕾亞。沒想到，當索爾的神錘一出現在眾人視線中，這個吃飽喝足了的新娘就一個箭步衝上前搶了過來，瞬間變成了讓巨人聞風喪膽的力量之神索爾。還沒等巨人塞留姆回過神來，他的天靈蓋就被神錘給擊碎了。賓客們嚇得紛紛作鳥獸散狀，索爾也懶得與這幫烏合之眾計較，得意洋洋地帶著神錘與洛奇閃了。就這樣，索爾重新獲得了他那威力無窮的神錘，又可以有效地打擊凶惡的巨人了。

小知識：

索爾，是古北歐神話中負責掌管戰爭與農業的神，大多數人認為索爾的母親是喬迪，父親是奧丁。他是豐饒之神，還主管一切人類所必須經歷的儀式，如婚喪嫁娶等。索爾的職責是保護諸神國度的安全與在人間巡視農作，北歐人相傳每當雷雨交加時，就是索爾乘坐馬車出來巡視，因此稱呼索爾為「雷神」。索爾是著名的雷電之神，名字即「轟鳴者」的意思，諸神中最具怪力的神，以巨大鐵槌作戰。索爾的勇敢善戰在諸神與巨人間是非常有名的，他的力量相當巨大。「諸神之黃昏」中索爾和世界蛇尤蒙岡多同歸於盡。

赤手空拳，不滅神威

眾所周知，亞薩園的力量之神索爾是巨人們的天敵，他憑藉著自身神力以及神錘密爾納、力量之帶、鐵手套等工具的幫助，在與巨人的長期戰鬥中，所向披靡，可謂戰無不勝，攻無不克。巨人們十分恐懼索爾，總希望夢寐以求地趁他赤手空拳的時候，一舉加害於他。

但是，這些巨人們的如意算盤打錯了，即使索爾赤手空拳，不假神錘密爾納的威力，陷入一些險境中的時候，也總能以神力創造奇蹟，一舉擊敗巨人。

有一次，亞薩神中最不安分的洛奇又想四處遛達一番。他跑到弗蕾亞的宮殿，借了她的寶物「鷹的羽衣」，披上後立即飛出亞薩園遊玩。洛奇在天空中忽高忽低，要得好不快活。當飛到遙遠的巨人國約特海姆的領域時，洛奇瞧見了底下有一座豪華的大宮殿。

屋頂好似寶石製成的，在太陽地照射下熠熠發亮，散發出五光十色的炫麗光芒。圍牆是黃金白銀砌成的，牆壁上嵌入了星星點點的鑽，地面竟是用寶玉做的鵝卵石。見多識廣的洛奇從未曾發現巨人國居然有這樣一處好地方，不禁好奇地飛到了宮殿那高大的窗戶外面，偷偷向裡面窺視。

這座宮殿的主人是巨人吉洛德，他還有兩個擅長妖術的女兒。在巨人國約頓海姆，頗具實力的父女三人可謂是一方之霸，周遭無人敢招惹他們。

無意中，正在宮殿大廳對僕人訓話的巨人吉洛德瞥見窗外有陰影，定睛一看，是一隻碩大無比的鷹賊頭賊腦向裡張望，便感覺事有蹊蹺，這可不像一隻普通的大鷹啊！哪個不知死活的傢伙敢在太歲爺頭上動土，惱火的吉洛德立即命令僕人們不惜一切代價，都要設法捕捉這頭大鷹。

僕人們跑到窗戶下面，卻發現窗戶太高，根本就搆不到鷹。為了能夠順利抓住鷹，吉洛德的僕人們搭著梯子和人牆，非常費力地向高高的窗戶攀爬。這些可憐的僕從們在牆上爬得氣喘吁吁，搖搖欲墜，逗得洛奇哈哈大笑。玩心重的他有意不急著飛走，停在那裡觀賞僕人們張牙舞爪的狼狽模樣。

直到僕人們爬得越來越近，再無退路的緊要關頭，洛奇才得意洋洋地振翅欲飛。哪知道為時已晚，近在咫尺的僕人們突然地伸手抓住了鷹的羽衣。這下，洛奇怎樣掙扎也無法逃脫了。僕人們將捉獲了的洛奇扭送到巨人吉洛德面前，吉洛德惡狠狠地問道：「你究竟是誰？來此有何目的？」狡猾的洛奇企圖用拿手好戲蒙混過關，他裝作一頭無辜的鷹的樣子，視而不見，充耳不聞。遺憾的是，巨人吉洛德早就看穿了洛奇的把戲，甚至懶得跟他多說廢話，直接命令僕人們把他鎖進箱子，扔入漆黑冰冷的地窖。

直到三個月後，蓬頭垢面的洛奇才被僕人們從箱子裡拖出來，帶到了巨人吉洛德面前。這下，被飢餓與黑暗折磨了整整三個月的洛奇，還沒等問話，便一五一十地把自己的來歷和盤托出：「我是亞薩神洛奇，穿著『鷹的羽衣』從亞薩園跑出來玩，求求你放了我，饒我一命。」

巨人吉洛德笑了笑：「要想逃命也可以，不過你得起誓。」「你想要我起什麼誓？」「我不管你用什麼方法，都得讓索爾赤手空拳地到巨人國約頓海姆來一趟，方便我的巨人同胞們攻擊既沒有神錘也沒有力量之帶和鐵手套的索爾。」洛奇為了保住自身性命，趕緊承諾一定幫助吉洛德辦成此事。

逃回亞薩園後，亞薩神們都對失蹤三個月的洛奇好奇詢問。洛奇假裝什麼事情也沒有發生過，對眾神胡編亂造了一個奇遇故事，描繪了自己瀟灑快活的生活。數日之後，索爾像往常一樣邀請好友洛奇一同前往東方與巨人作戰。

洛奇覺得履行諾言的時機成熟了，欣然同意一起前往。索爾與洛奇相約一大清早碰面，以便早去早回。沒想到，晨光微露時就站在亞薩園門口的索爾，等候了半天也不見洛奇出現。索爾氣沖沖地跑到洛奇家，發現他居然還在呼呼大睡。索爾一聲怒吼，一把扯起洛奇摔向了地上。假裝還在熟睡的洛奇趕緊裝作驚醒的樣子，一邊和索爾抱怨昨晚喝多了，一邊整理起衣裝。

一路上，洛奇故意拖拖拉拉，時不時拉著索爾看花草樹木，處理路途上旁人的閒雜事務。結果，到了巨人國約頓海姆的時候已是黑幕降臨。洛奇藉口夜已深，讓索爾休息一夜，養足精神，明早再與巨人作戰。索爾看天色確實不早，睏意陣陣湧來，便同意了洛奇的建議，躺下睡起覺來。洛奇躺在索爾身旁假裝睡覺，實際上卻在全神貫注地聽著索爾的鼾聲是否響起。好不容易等到索爾睡熟了，洛奇立即起身偷走了索爾的神錘、力量之帶、鐵手套，飛快地逃之夭夭。他跑到巨人吉洛德的宮殿中，向他報告自己已順利完成任務。

第二天一早，睡醒的索爾驚訝地發現自己的武器和同伴洛奇不翼而飛了，便立刻明白自己定是受到了洛奇的欺騙。赤手空拳的索爾思忖了好一會兒，還是覺得心裡不妥，只得無可奈何地先來到了他的女豪傑情人——巨人格莉德家中。格莉德對索爾的突然降臨驚訝萬分，但身為巨人一員，她自然知道索爾發生了什麼事，因為吉洛德早已昭告天下，力量之神索爾此刻正手無寸鐵地待在巨人國。索爾心情糟糕地說：「什麼都別說了，暫求一宿，與妳共度良宵。」

深夜，兩人小別勝似新婚。溫情之餘，索爾溫柔地問格莉德：「親愛的，妳能告訴我，究竟是誰幹了這件事嗎？」格莉德沉醉在愛河中早已昏頭轉向，她不假思索地回答道：「是巨人吉洛德要與你為敵。你的神錘、力量之帶、鐵手套就是吉洛德教唆洛奇偷取的。」

索爾氣憤地說：「他以為我沒了那些武器就傷不了他嗎？」「我知道當然不是。不過吉洛德是地方一霸，他詭計多端，還有兩個善於妖術的女兒，你還是小心謹慎為妙。」格莉德勸慰道，「我把我的力量之帶和鐵手套借給你，以幫助你抵禦強大的敵人吉洛德。」

就這樣，索爾告別情人，義無反顧地前往巨人吉洛德的宮殿，滿心想著要給這個陰險的巨人一點教訓嚐嚐。走了沒多久，索爾前面就出現了一條寬闊的大河，河水波濤洶湧，像攔路虎一般橫亙阻攔著。索爾繫上格莉德的力量之帶，將行李捆成一團扛在肩頭，慨然無畏地涉水過河。當跋涉到大河正中央的時候，河水突然暴漲起來，凶惡地淹過了索爾的肩頭，並以瘋狂的速度繼續增高，就快要淹沒索爾整個人。

索爾努力伸長脖子，無意中發現一個女巨人正分腿站在河的兩岸，正是她用妖術煽動著河水不斷往上漲，企圖把赤手空拳的索爾活活淹死在河中。明白了何來如此大的水流的索爾，憤然潛入河中，摸上來一塊巨石，用力向女巨人擲去。女巨人被石頭打了一個踉蹌，嚇得倉皇逃跑，索爾立刻趁機跋涉到了對岸，踏上了堅實的土地。

轉眼間，索爾就踏進了巨人吉洛德的宮殿。吉洛德假惺惺地迎了上來，熱情接待了索爾：「喲，不知貴客遠道而來降臨寒舍，有失遠迎啊，歡迎歡迎！」他吩咐僕人：「快準備上好的宴席，將地窖裡珍藏的酒也拿上來。將客人先帶到客房中稍事休息，待會用餐。」

索爾跟隨僕人走進客房。只見這個客房異常奇怪，房間的裝潢極其豪華，卻空蕩蕩的什麼家具也沒有，只在中間擺了一把華麗的椅子。管他有沒有詐，筋疲力盡的索爾不假思索地坐在了椅子上。一坐下，這把椅子突然以飛快的速度升了起來，帶著索爾就向高高的屋頂撞去，企圖將索爾直接撞死送入天堂。反應過來的索爾，馬上發動全身神力向下壓去。幸虧索爾天生神力，再加上繫著格莉德的力量之帶，椅子被壓回到了地面。在椅子落地之時，下面伴隨著碎裂聲和兩聲悽厲的慘叫。原來，正是巨人吉洛德的兩個女兒躲在椅子下面裝神弄鬼，突然用法術提升，結果卻被索爾雙雙壓斷了脊梁骨。

憤怒的力量之神索爾旋即衝出客房，大步來到了大廳中。巨人吉洛德正在用熊熊烈焰鍛鍊一種對付索爾的利器，以備不時之需。沒想到，這還沒煉好，就看見索爾突然跑出客房，衝進了大廳，氣勢洶洶地向他逼來。吉洛德知道謀害索爾的計畫敗露了，趕忙從烈焰中撿起煉得又紅又燙的利器向索爾擲去。

索爾迅速戴上格莉德的鐵手套，一把牢牢地接過了鍛件。吉洛德見沒成功擲死索爾，嚇得魂不附體，連忙閃身躲在一塊厚厚的鐵板後面。索爾將剛才接住的利器舉過肩頭，瞄向吉洛德，揚起手臂用力將利器向鐵板擲回去。力量之神索爾的這一擲，果真無窮神威。

這塊利器瞬間擊穿了厚鐵板，擊穿了巨人的胸膛，擊穿了宮殿大牆，遠遠地落在了城堡外面的山坡上。吉洛德的屍體被高溫利器直接碳化變成了一塊巨石，如同一座無字豐碑，歌頌著索爾的神勇。

在沒有神錘密爾納、力量之帶、鐵手套的情況下，赤手空拳的索爾依然輕鬆地擊殺了強壯有力、陰險狡詐的巨人吉洛德，壓斷了吉洛德的兩個女兒的脊梁骨，真不愧為宣誓保護亞薩園的亞薩神。

現在，依舊一團怒氣的索爾正轉身往亞薩園走去，他的步伐堅定而有力。可以相信，此時在亞薩園不知何處玩耍的洛奇，少不了又要為此吃些苦頭了。

小知識：

洛奇，北歐神話的邪神。母親屬於巨人族，正由於母親是奧丁的養母，所以和奧丁結為兄弟，是北歐神話中最會惹麻煩的一位神，是北歐神話中的火神，討厭水，身上有巨人的血統。他聰明而又狡詐，與主神奧丁結為義兄弟而成為了阿斯神族的一員。他經常運用他聰明的頭腦為諸神帶來許多好處，但隨著洛奇心態逐漸變得玩世不恭和陰暗，他的行事也從惡作劇發展為公開地作惡，開始教唆其他的神做一些不計後果的事情。在「諸神的黃昏」中，正是洛奇的兒子殺死了奧丁。而且，洛奇還唆使奧丁之子黑暗盲神害死其兄光明之神。他精魔術，神通廣大，能在一瞬間把自己變成無數的怪物。後因他犯罪，被用鐵鏈捆住。在一役中，洛奇與海姆達爾同歸於盡。

「恥辱」的東方之行

眾所周知，力量之神索爾是巨人們的天敵，經常到東邊的巨人國中去。有一次，索爾與以狡詐著稱的洛奇一同乘坐兩匹山羊拖曳的戰車前往巨人國。經過一天的奔馳，傍晚時分，兩位亞薩神投宿在了沿途的農夫之家。見到大神駕到，農夫夫婦雖然想竭力招待，但實在拿不出什麼像樣的食物來。瞭解到農夫的難處後，索爾殺死了拉車的兩隻山羊，然後小心翼翼地將羊皮完整地剝下來，剩下的羊肉全交給了農夫之妻讓其烹煮。

晚餐做好了，索爾請農夫一家與他們一起享用這美味的羊肉。但是，索爾要求農夫一家在吃羊肉的時候不可以弄碎裡面的骨頭，而要把骨頭完整地放在剝下來的羊皮上。亞薩神們、農夫夫妻以及一兒一女很快就把美味的羊肉吃得乾乾淨淨。然而，農夫的兒子塞亞夫因為貪吃，瞞著大家偷偷用小刀剖開羊肉中一根腿骨，吸掉了裡面的骨髓。

第二天清晨，索爾早早起床，拿出神鍾指著包裹住骨頭的羊皮，唸動盧尼文字的咒語。山羊皮搖晃幾下之後，兩隻山羊竟緩慢地出現在了大家面前。但是，索爾馬上發現其中一隻山羊的一條後腿瘸了，立即氣得大發雷霆。索爾責罵農夫一家不聽囑咐，弄碎了羊的骨頭，害得天下聞名的力量之神的拉車之羊瘸了一條腿，該當何罪！

農夫夫婦嚇得魂不附體，一個勁地哀求索爾平息怒火，願意以所有的一切來補償損失。看到農夫膽戰心驚的可憐模樣，身為農夫保護神的索爾慢慢平息了怒氣，決定不再追究這件事情。索爾把已沒有多少用處的跛腿山羊連車一起留在了農夫家中，將農夫的兒子塞亞夫和女兒蘿絲克娃收為了僕人。就這樣，一行四人離開了農夫家，步行前往東方的巨人國。

走了沒多久，四人進入了一片巨大廣袤的森林。整整一天，他們一直艱難地行進在這片茂密的森林之中。從小就在山林中奔跑成長的塞亞夫，是人類中腳力最健的人，他背著索爾巨大的旅行包裹首當其衝做開路人。天色慢慢黑下來，他們看到前方有一座很大的房屋正好可供夜宿之用。四人打開房門，屋子裡面十分寬敞空蕩，在盡頭甚至還有另外一間小屋相連。於是，四人打開行裝，安睡下來。

半夜時分，窗外突然響起了地震般的巨大聲音，撼動著整個森林。索爾一干人等住宿的屋子也被震得搖晃不止。索爾連忙率領被驚醒的大家撤退躲入與大屋子相連的小房間裡，自己則手持神錘密爾納緊張地守衛在小房間的門口，時刻準備著與出現的敵人一決生死。這種可怕的巨大聲響持續了整整一夜，眾人也為此擔驚受怕了一宿。

黎明來臨，索爾持錘走出了屋子，尋找昨晚恐怖聲響的來源。在不遠處的樹林裡，索爾發現有一個無比龐大的巨人躺在那裡酣睡，他的軀體橫亙在樹林之中。讓索爾憤怒的是，讓眾人心驚肉跳的巨響，居然不過是這個龐然大物發出來的打鼾聲而已。索爾為昨晚一夜未眠與恐慌而羞憤，大罵道：「該死的東西！」他舉錘向巨人走去，準備了結這該死的東西的性命。

就在這時，巨人忽然醒了過來，一個咕嚕爬了起來，像山峰一樣巨大。他望著走來的索爾，也不管索爾意欲何為，大咧咧地攀談起來：「我是巨人斯庫留姆，想必這位是亞薩園的索爾吧？久仰久仰，幸會幸會！」

說完，巨人忽露出驚訝之狀：「你們把我的手套拿去幹什麼了？」他順手一拉，將自己的手套拖到身邊。索爾和洛奇見此情景，不由驚得目瞪口呆。原來，索爾一行昨夜留宿一夜的屋子，竟是巨人的一隻手套，而和大屋子相連的小房子，居然是手套上的大拇指。巨人斯庫留姆一點也沒留意到索爾和洛奇的表情，提議與他們一同前往巨人國。為了試探這個巨人的來歷底細，或者這個巨人真的可以幫上他們什麼忙，索爾很爽快地同意他加入這個隊伍之中。

吃完早餐後，五個人結伴繼續向東前行。這一回，巨人將所有的行李袋扛在肩上，邁開大步走在最前面開路。不過，這可累壞了索爾一干人等，他們必須一路小跑才能跟得上巨人的步伐。夜幕降臨，五個人選了一棵大橡樹，準備在底下宿營。斯庫留姆對索爾說：「我要先在這橡樹底下睡上一覺，你們自己準備晚餐吧！」

說完，他就一頭倒在橡樹下，沒多久，如雷的鼾聲立刻響起。索爾不再理會巨人，解開行李和糧袋，開始準備晚餐。不料，巨人早將盛糧食的口袋與其他行李捆在了一起。

索爾費盡全力，千方百計都沒能成功解開捆著的繩結。洛奇和兩個僕人也跑過來幫忙，奇怪的是，眾人越想解開繩結，繩結越緊，一點也不見有鬆動的跡象。自然而然，索爾火冒三丈地操起神錘密爾納，走到巨人斯庫留姆身邊，朝他頭上猛擊一錘。

巨人的鼾聲戛然而止，張開眼睛對索爾說：「嗨，索爾！是不是有一片樹葉掉落到我頭上了？你們吃過晚飯沒？」索爾非常吃驚這一擊居然只是樹葉拂落之感，連忙支支吾吾地說：「吃了，吃了。我們正要去睡了。」說罷，索爾只能悻悻然地和其他三人一起到另一棵橡樹下躺下休息了。

夜深了，索爾依舊輾轉反側，難以入眠。白天，為了跟上巨人在他後面跑了一天，累得要死；剛才，餓得飢腸轆轆卻吃不上晚餐；現在，不遠處巨人的鼾聲又響徹動地，讓人無法安眠；我力量之神索爾何至於淪落到今日這般田地。他憤怒地走到酣睡的巨人面前，第二次用神錘猛擊巨人的腦袋。

這一錘，索爾用了整整十成的力量，足以開山劈石。然而，這個龐然大物睜開眼睛說：「啊，是有一個橡樹果掉到了我的頭上嗎？咦，索爾，你不睡覺在這裡幹什麼呢？」索爾尷尬地回答：「我……我就睡不著隨便走走，看看夜景。夜還未盡，繼續睡吧！」

說完，索爾轉身又回到了棲身的橡樹下。索爾內心憤怒得無可復加，他擊向巨人的兩錘足有千鈞之力。在這樣的雷霆之擊中，九個世界中的所有生靈無一例外，都會一舉斃命。今日，這個龐然大物被擊中兩錘卻毫髮無傷，這簡直就是奇恥大辱。憤憤的索爾怎還睡得著，他靜靜等待著巨人再度入睡。

黎明前夕，巨人又酣然入睡了，樹林裡再一次響起了雷鳴般的鼾聲。索爾輕輕地走到巨人身邊，雙手緊緊握住神鍾的手柄，用盡所有的神力向巨人的太陽穴砸去。這一次，整個錘子連同半截手柄都深深地陷入了巨人的太陽穴中。

巨人又醒了過來，自言自語：「啊，一定是小鳥將樹枝踢到我頭上來了。」他揉揉太陽穴，轉頭看到了滿臉通紅的索爾：「索爾，你怎麼還沒睡？」索爾羞憤地恨不得鑽到地底下去，根本無言以對。巨人倒也不計較，倒頭繼續睡覺。

天亮了，睡醒了的眾人紛紛起身，當然除了索爾。大家將行李收拾好，繼續向東前行。巨人斯庫留姆告訴索爾：「前面不遠處就有一個巨人的國家，稱為尤特園。」他指著自己龐大的身軀對索爾一干人等說：「我這個樣子已經很龐大了，但是尤特園裡比我強壯有力的巨人比比皆是。你們還是識相一點，早點打道回府比較好；倘若非要去的話，注意千萬謹慎，不要讓油頭滑腦的洛奇貿然行事。」嚇唬了索爾等人一番，巨人聲稱要北上辦事，不再與索爾等同行了，旋即扛起行李，邁開大步一路向北而去，瞬間就沒了蹤影。

雖然被這個巨人斯庫留姆傷了士氣，索爾一行人卻不肯就此服輸，他們繼續向東行進。中午時分，他們終於到達了一座巨大的城，即是斯庫留姆所稱的尤特園了。高大而宏偉的城堡使索爾等人感覺到自己相當渺小，大家都有些心慌，但誰也不肯先行退出，實在太丟臉了。索爾用盡全力也無法推開緊閉的城堡大門，只好帶領眾人從門縫下鑽進去。城堡裡面是一個巨大的宮殿，有許多體形異常龐大的巨人坐在宮殿內兩排長長的凳子上。

就在索爾一眾剛剛踏入大殿，尤特園的國王就從殿堂正中出現了。

「閣下風塵僕僕地遠道而來，莫不是亞薩神中大名鼎鼎的索爾吧？久仰久仰。不過閣下的身形看起來弱不禁風了一點，想必您的威力會比個子要大很多吧？」巨人國王齜著牙齒，傲慢無比地對索爾說，「相信你們也聽說了，在尤特園的人都要有一些奇能異巧才行，不知諸位有何才能？」

飢腸轆轆的洛奇馬上接口說：「區區在下倒是有一點異能，如果陛下能拿些大肉出來的話，我可以證明我的進食速度比這裡任何一個巨人都要快。」

國王一聽，馬上派出長凳上坐著的巨人洛格與洛奇比賽。數個巨人抬來了一個裝滿了熟肉的大食槽，國王讓洛奇和洛格分別從食槽的兩頭開始吃起，比誰吃得快。號令一起，兩人拼命地吃起來。結果，亞薩園的洛奇勉勉強強地將半槽肉嚥下去；另一邊的巨人洛格早已吃完，連肉上的骨頭也吞得乾乾淨淨，一點渣也沒剩。顯然，洛奇輸掉了這輪比賽。

索爾新收的僕人塞亞費以飛速奔跑見長，他提出要與巨人賽跑。尤特園的國王欣然同意，傳喚來了巨人國中一個名叫休格的年輕人與塞亞費競賽。塞亞費和休格的跑步比賽在殿堂外面的一塊平地上開始了。

第一輪競賽中，當塞亞費以最快速度跑到終點時，休格正好到達終點轉回身來迎接他。第二輪競賽中，當塞亞費離開終點還有很長一段距離的時候，休格就已經跑到終點了。最後一輪的競賽中，塞亞費輸得更慘，休格已經到達目標時，他還沒有到路程的一半。巨人國王洋洋得意地說：「年輕人，你這算是個賽跑好手啊？要勝過別人，還要加油啊！」

在洛奇和塞亞費分別敗過一場後，尤特園國王請力量之神索爾出場應戰，以證明傳頌的那些關於索爾的豐功偉績並無虛妄之處，而是真實存在的。面對尤特園國王的冷嘲熱諷，不服輸的索爾提出了要與巨人比賽喝酒。

尤特園國王一聽，馬上讓侍從取來了一只細長的角杯，對索爾說：「這裡是一小角杯蜜酒。在尤特園中，一口喝光杯中之酒的巨人絕無僅有；但兩口喝完的巨人，這裡倒是有幾個；但是，所有尤特園的人都能三口把它喝完。閣下是否願意一試？」正好渴得要命的索爾，看了看這裝飾華麗的角杯，雖然長了一點，卻也沒有很大，自信可以一口飲盡。

於是，索爾接過酒杯，仰頭便大口地喝了起來。出乎意料的是，一口過後，裡面的蜜酒竟絲毫未減。尤特園國王揶揄索爾道：「雖然閣下喝得非常賣力，這角杯中的蜜酒卻分毫不少。聞名遐邇的索爾大神一口居然只能喝這麼點酒，若不是我親眼所見，簡直令人難以置信。閣下快來試試這第兩口能否喝完了。」

一言不發的索爾拿起角杯再度喝了起來，這一次，他喝得又深又長，速度也快了一倍，當喝到無法呼吸的時候才停了下來。索爾拿開杯子一看，遺憾的是，酒還是未減多少。

尤特園國王做作地高喊起來：「閣下大概是身體不適吧？難不成你是冒牌索爾？罷了罷了，亞薩園的大豪傑在此地看來也是個小人物了。閣下這個樣子恐怕三口也喝不完這杯中之酒了。」索爾長吸了一口氣，異常忿怒地第三次舉杯喝了起來。他用盡全身力氣，如長鯨吸水般地狂飲著杯中之酒，很長時間以後才緩緩停了下來。這一次，杯中的蜜酒果然減少了一些，但離喝完遠遠不夠。

「看來閣下並不像外面傳說的那樣強大啊！」尤特園國王說道，「這場比賽閣下顯然是慘敗了，不知您是否還想試試其他的項目？」

索爾要求繼續下一項競賽，一雪前恥。尤特園國王似笑非笑地說：「既然閣下這樣瘦弱無力，我們還是試些簡單的內容。我這裡有一頭灰貓，尤特園的年輕人無所事事的時候，就會比賽看誰能把牠舉得最高，閣下也不妨試試。我對您要求不高，只要把牠舉得四足離地，您就算贏了。」

索爾點頭應允。不一會兒，大殿裡就跑進來一頭灰色的大貓，很聽話地站在眾人中間。索爾走上前去，雙手托住灰貓的腹部中央，卯足了勁將牠往上舉。哪想到這貓四足緊緊抓住地面，腰部隨著索爾用力的方向向上聳起，居然能夠越聳越高。

難以置信一頭貓竟能把背拱得如此之高，索爾拼盡全力最後也不過讓灰貓一足離地而已。尤特園國王陰陽怪氣地說：「果然不出我之所料，閣下連一頭貓都難以舉起。和在座的各位巨人相比，閣下的確是太弱、太渺小了。」

索爾大聲吼叫起來：「這太讓我憤怒了！你去叫個力大的人出來，讓我和他角力吧！」

尤特園國王故意用雙目巡視了一遍坐在長凳上的巨人：「看來這裡的任何一位都不屑和閣下這種人角力。這樣吧！去把我的老奶媽艾莉叫來和這位亞薩神摔上一跤。有些時候，她還是摔倒過強壯的漢子的，想想大概和閣下還是旗鼓相當的。」

不多久，大殿裡走進來一位乾癟的老婦人，完全是一副風燭殘年的樣子。索爾也沒抱怨，直接上前和這個喚作艾莉的老婦角力起來了。

比賽的結果，卻依舊事與願違。當索爾用力抓住艾莉的時候，她竟能紋絲不動地站在地上；而當老婦人艾莉向索爾推來時，他卻無法站穩腳步。雙方一起用力時，索爾竟被力量逼得跪下了一條腿。

尤特園國王越眾而出，宣布比賽全部結束。天色已晚，尤特園國王前倨而後恭，大開宴席招待索爾一干人等，而後又留他們在城堡裡歇夜。

次日清晨，索爾等人早早起身，準備悄悄離開這個大丟面子的地方，卻被早已等候在大殿的尤特園國王攔截住了，他吩咐手下準備了一頓非常豐盛的早餐，請索爾等人享用。早餐完畢，尤特園國王親自將索爾一眾送出了尤特園。索爾等人因為輸得一敗塗地而顯得灰心喪氣，出城堡的路上均一言不發。

尤特園國王將索爾一眾送出很遠距離後，忽然開口說道：「閣下是否還在介意昨天的比賽？」索爾等人面面相覷，默不作聲。「其實大可不必這般垂頭喪氣。閣下幾位既然已經離開了尤特園城堡，我不妨將所有的真相告訴你們吧！我們早就知道了你們要來巨人國的消息，在森林裡那體形龐大的巨人斯庫留姆就是我化身的。我不斷地給你們施下馬威，就是想讓你們快點回去，打消去巨人國的念頭。我故意用法術將銅線拴住了食品袋口，使索爾您根本找不到線頭而解開口袋。這個成功激怒您朝我擊了三錘，但這三錘其實都沒有真正地打在我頭上。我暗中用法術讓您擊向了森林中的山頭。你們回程的時候，一定會發現那座山上出現了三個四角形的山谷，那就是索爾猛擊三錘後的結果。顯然，如果我真的被您打中的話，那麼早在第一錘就變成肉泥了。」

索爾等人驚訝地半晌說不出話來：「那在城堡中的比賽呢？」尤特園國王笑笑說道：「巨人害怕您的巨大威力，我便設計用幻象來迷惑你們，使得你們無法看輕巨人們。事實上，你們在城堡中比賽時也根本沒有和巨人們對壘。首先，那個和洛奇比賽吃肉的巨人洛格，是由一堆野火變幻出來的，野火當然能夠在最短的時間內把肉連同骨頭一起吞噬掉。

其次，那個和塞亞費賽跑的巨人休格，是由我的思想所變幻而成的，思想當然總會比人要跑得快一些。其實，當索爾您端起那個盛蜜酒的小角杯豪飲的時候，我已經萬分驚訝。那個看起來不大的角杯裡面哪是酒啊？它暗中連著整個海洋，您的豪飲居然能讓海水減少了很多，這實在是一件不可思議的事情。如果你們到海邊去觀察一下，便會發現海水有明顯的變化。

正因為您一下子喝掉了太多的海水，導致了潮汐現象。而那隻看起來相當溫馴的灰貓，其實是圍繞人類中間園的怪物魔蛇。這條大魔蛇是首尾相連的，當索爾您竟將魔蛇一足舉離地面時，實質上把整個人類的大地都掀動起來了，在場的所有巨人都心驚膽顫啊！最後，和索爾您比試的老婦艾莉代表著老年，代表著所有生靈的必然趨勢，都必定會在自己的老年面前屈服。而索爾您居然能夠與她抵抗如此之久，僅僅單腿下跪完全已是一件超越自然的事情。」

說完這一切，尤特園國王和索爾等人揮手作別：「我們行將分別，我也奉勸閣下一句，雖然您已經知道了我們的真實底細，但還是不要再來此地另有所圖為好。否則，我還會用同樣的法術和幻象來保護巨人家園的。」

索爾感到自己被徹底地欺騙和愚弄了，他那壓抑許久的火氣瞬間爆發了出來，悲憤地高舉神錘，準備立刻結束這個巨人國王的性命。

還沒等神錘打到尤特園國王的頭上，巨人就已經消失得無影無蹤了。與巨人一同消失的，還有那座高大宏偉的尤特園城堡，甚至城堡外的大片綠草地也全部消失了。所謂的尤特園，原來也不過是巨人用法術佈置出來的幻象而已。

後來，洛奇對索爾說：「在眾神面前，如果我是你，將不會提起那東方之行，在手套的大拇指裡，你膽怯了，索爾，你忘了自己還是一位神祇。」

小知識：

奧爾布達（古爾維格），是穀物女神吉爾德之母，巨人吉米爾之妻。女巨人，火神洛奇的情人。與洛奇生下惡狼芬里爾，米德加爾德巨蟒——格拉弗維尼爾，即文章中所謂的圍繞人類中間園的怪物魔蛇。奧爾布達為情人洛奇做奸細，阿西爾部落想要處死她，引發了兩部落間的戰爭。

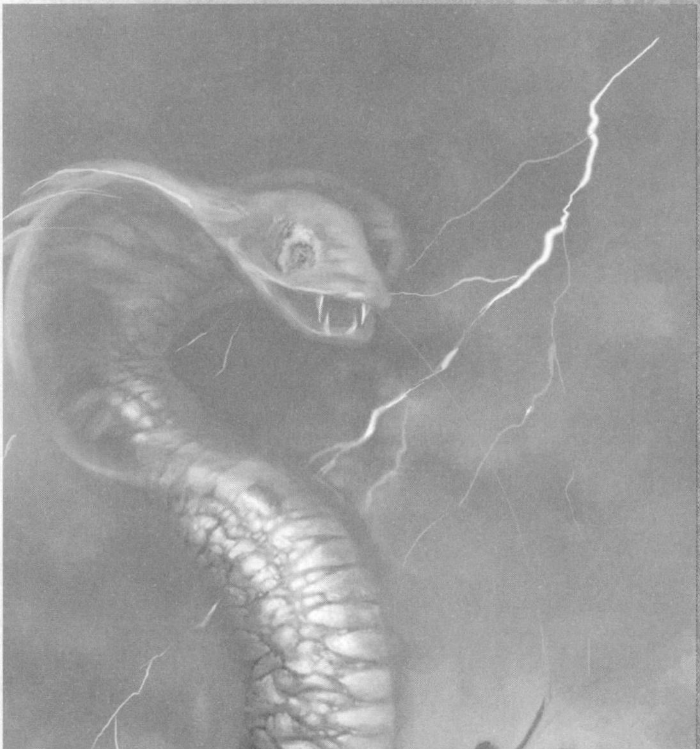

這來之不易的美酒

巨人安吉爾是大海的主人，因為膝下有九個美麗的女兒而為眾人知曉。安吉爾曾經走訪過亞薩園，受到了眾亞薩神的熱情招待，相處過後彼此感覺都還蠻不錯，便與亞薩神們結交成為朋友。每年冬天，安吉爾都會給所有的亞薩神派發請柬，邀請他們到家中參加他舉辦的盛大宴會。眾亞薩神非常享受這樣的宴會，因為他們可以一邊享用豐盛的美味佳餚，一邊高談闊論著人情世故。

當然，這其中也有不美好的小插曲。在一次宴會上，亞薩神中最有力量的索爾，因為剛在巨人國的一場戰鬥中遭到巨人暗算，落了個慘敗而心情很差。他匆匆趕來赴約，一落座就猛喝悶酒，沒一會兒就有些醉了。安吉爾跑過來勸酒，卻無緣無故遭到素來對巨人沒有好感的索爾惡言相向，責罵他是個只配給亞薩神們端酒送水的渺小人物，哪裡稱得上是大海的主人。這讓在眾人面前顏面盡失的安吉爾感到極度不快，真是狗咬呂洞賓，不識好人心。他決定為難一下索爾，以解心頭之氣。安吉爾故意趁著賓客喝得醺然沉醉的時候，重重嘆了口氣，沮喪地對眾亞薩神宣稱：「我之前的鍋居然莫名其妙地破了一個洞，如果再找不到一個足夠大的巨鍋，以後我就無法再給尊敬的眾神們釀造啤酒了，我也深表遺憾啊！」一聽到此話，好飲的眾神頓時譁然，相互之間嘰嘰喳喳地探討起這個嚴重的問題。洛奇首當其衝地問：「哪兒才有足夠大的巨鍋呢？」戰神泰爾清了清嗓子：「據我所知，九個世界中只有巨人休彌爾才會有這樣巨大的釀造鍋。」「究竟誰能擔此重任，去巨人國將這樣一口巨鍋搬運回來呢？眾亞薩神議論紛紛。安吉爾發話了：「這還用說嗎？當然是縱橫巨人國的力量之神索爾了。他長年在那兒作戰，對巨人的脾性和巨人國的地形都瞭若指掌，這份差事非他莫屬啊！」眾神一致覺得安吉爾言之有理，趕緊催促力量之神索爾為安吉爾到巨人國把這樣的巨鍋搬運回來。於是，索爾只好駕馭著他的山羊車找鍋去了。臨走前，戰神泰爾囑咐索爾，住在人間中間園以東的休彌爾是個暴烈蠻橫的惡魔，要讓他給巨鍋，恐怕是難上加難，行事一定要謹慎，否則會有性命之憂。

索爾翻越過千山萬水，好不容易才來到了人類中間園的東邊盡頭。聽聞休彌爾的惡劣脾性，索爾把自己裝扮成一個和善的年輕人模樣，找尋到巨人休彌爾居住的地方。開門的是休彌爾的母親，她的樣子非常可怕，脖子上長了整整九百個頭，每一個的臉都佈滿皺紋，奇醜無比。休彌爾的母親如同傳聞中的休彌爾一樣，對於登門造訪的陌生人態度十分惡劣。為了順利拿到鍋，索爾只好忍氣吞聲。不過，好在休彌爾的妻子是一位溫柔賢慧的婦人，她禮貌地端來了上好的啤酒招待索爾。

突然，房子外面傳來了巨大的腳步聲，看來是巨人休彌爾回來了。休彌爾的妻子趕緊對索爾說：「我丈夫是個脾氣暴烈、非常不好客的人。你最好先躲起來，不然他可能一怒之下會把你扔出去的。」一聽罷此話，索爾連忙四處找尋藏身之處。看到房梁上掛著的巨鍋尚能容納自己，立刻就鑽了進去，躲藏起來。但是，這點小伎倆怎麼可能瞞得過休彌爾。他一走進屋子就發現家中有異樣，房間裡的空氣中瀰漫著一股生人的味道，而向來誠實善良的妻子神色慌張。休彌爾用銳利的目光掃視了一圈，看到房梁上的木頭竟紛紛斷裂，巨鍋也搖搖欲墜。休彌爾走過去狠狠拍打了一下巨鍋，哐的一聲，巨鍋發出了驚天地泣鬼神的聲響。震得眼花耳聾的索爾只能從巨鍋中硬著頭皮爬了出來，和休彌爾寒暄了一番：「你好你好，想必你就是大名鼎鼎的休彌爾吧？我深感榮幸。你應該還不認識我，我是……」

然而，巨人休彌爾不耐煩地打斷了索爾的寒暄，他根本也沒把這個來訪的年輕人放在眼裡，懶得理睬索爾在那兒哼哼唧唧說些什麼。休彌爾轉身走向後院，從牛群中拖出來三頭母牛，提刀俐落地宰殺後，交給妻子做晚餐。等到牛肉烹飪好後，還沒等主人發話，索爾就做了一個讓大家都沒想到的舉動：他並沒有遵守客人之道，等待休彌爾落座進餐，反而自己一個人搶先吃掉了其中的兩頭牛。巨人休彌爾感到十分惱火，卻也察覺到這個年輕人有著驚人的食量，似乎是大有來頭。

第二天一大早，索爾要求與巨人休彌爾一起去大海釣魚。休彌爾以索爾年輕無力，完全幫不上他的忙為由拒絕。但因索爾一再請求，最終休彌爾只得勉強同意了。臨行之前，索爾問休彌爾：「應該用什麼做魚餌比較好？」休彌爾粗暴地罵道：「這樣愚蠢的問題你還開口來問我！自己找去。不懂瞎嚷嚷啥，釣什麼魚啊！」巨人休彌爾的惡劣態度一次又一次地勾起索爾的怒火，他很想拿出神錘一錘就結束休彌爾的性命，無奈另有所圖，只得強壓怒火，暫時忍耐這屈辱。為了完成自己此次出海的漁獵計畫，找到適當的魚餌，索爾在休彌爾的家中四處搜尋。當他瞧見休彌爾龐大的牛群時，便上前把最大的一頭牯牛的牛頭擰了下來，做為魚餌。

索爾跑回到船上，和巨人休彌爾一起划槳出海了。休彌爾看到索爾的魚餌竟是他的健牛之頭，不由大發雷霆：「你好大的膽子，誰讓你把我最大的一頭牯牛的牛頭給擰下來了！」索爾不慌不忙地回答道：「我問你拿什麼做魚餌，你不理我，那我只好自己看著辦嘍！」休彌爾被他的話噎得半晌說不出話來，等到順過氣來又對著索爾喋喋不休地罵起來。索爾心裡盤算著一個大計畫，也懶得再與巨人陷入口舌之爭。行駛了很久之後，休彌爾停止划槳，表示這裡就是釣魚的好地方。但是，索爾堅持要到更遠一點的海域去釣更多更好的魚。巨人休彌爾礙於面子不甘示弱，只能隨索爾的挑釁繼續打槳前進。感到有些不安的休彌爾警告索爾，前面的水域是極為危險的，據說圍繞大地的中間園魔蛇就在下面，從未曾有人敢去垂釣。表情鎮定的索爾對這番話無動於衷，休彌爾當然想不到索爾此行的目的，正是要趁機消滅這條惡魔一般的巨蛇。

行駛到了海水最深的地方，索爾才肯停下船，他用最鋒利的魚鉤鉤住了擰下來的牛頭，連同最牢固的釣線垂放到了海水中，靜靜等候。在海洋深處，洛奇和女巨人所生的怪物魔蛇遠遠瞧見一個看起來非常美味可口的龐大牛頭緩緩落入水中，立即飛速游過來。魔蛇一口吞下了牛頭，卻被牛頭上的魚鉤牢牢地扎住了下顎，頓時疼痛難忍，拼命掙扎。索爾感受到巨大的魔蛇已經上鉤，強大的重力扯著釣線，立即現出了力量之神的本色。他雙手緊緊抓住釣線，憑藉渾身充滿的千鈞神力用力拉動釣線，硬生生地將魔蛇從深海拉了起來。在一旁的巨人休彌爾看到與他同來的文弱年輕人竟然用如此巨大的力量釣起了可怕的中間園魔蛇，甚至轉眼間變成了亞薩園的力量之神索爾，早已目瞪口呆，吃驚至極。魔蛇被索爾拉出了海面，雷光閃爍的凶狠眼睛和黏著黏稠綠色液體的蛇信，正好對峙上了巨人休彌爾，嚇得他瑟瑟發抖。就在索爾取出神錘密爾納，想要一舉擊碎魔蛇天靈蓋的緊要關頭，巨人休彌爾因為極度恐懼而下意識地抽出漁刀割斷了索爾的釣線。魔蛇從海面墜落下去，立刻潛入了海底，消失得無影無蹤。任憑索爾在船上憤怒地咆哮，海面歸於平靜。

回家的路上，索爾因為沒能成功擊殺魔蛇而表現得悶悶不樂。休彌爾回想到自己膽小恐懼的糗樣，因為臨陣退縮才致使索爾漁獵魔蛇的行動功虧一簣而感到尷尬萬分。但是，休彌爾當然不願意因此而臣服於索爾。

回到家以後，巨人休彌爾終於想出了一個為難索爾的點子，意欲為自己撈回一點面子。他拿出一個小巧而精緻的酒杯，對索爾說：「你在釣魚時的表現堪稱勇敢無畏，但也不見得就是真正的強壯有力。除非你能把這個酒杯打碎，我休彌爾才會承認你是真正的英雄豪傑。」力量之神索爾自然不會把區區一個小酒杯放在眼裡，接過來就往一根堅硬的石柱上狠狠摔去。奇怪的是，石柱在索爾的神力下被擊得粉碎，而這只看似普通尋常的酒杯卻安然無恙。索爾不服氣地繼續發威，可是無論他用什麼方法，酒杯還是一點裂痕都沒有。在一旁觀望的休彌爾哈哈大笑道：「我就說你打不碎吧？還說自己是什麼力量之神，這力氣也不過如此嘛！罷了罷了，我可沒工夫看你在這兒耍把戲了！」說完，休彌爾就到後院去餵牛了。

巨人休彌爾的妻子不忍心看不明真相的索爾受此愚弄，趁著休彌爾去後院的時候偷偷地告訴索爾：「這只酒杯是用天下最硬的物質製作而成的寶物，任何東西都不能把它擊碎。除了我丈夫休彌爾的天靈蓋，因為他的天靈蓋比這只酒杯還要硬。」索爾聽了喜出望外，走到後院跟休彌爾說：「我相信我已經可以打碎這只酒杯了。」「哦，展示給我看看。」「這需要你近距離的觀看，來，過來。」等到休彌爾走進，索爾裝作要摔的樣子拿起酒杯，卻出其不意地向休彌爾的天靈蓋上砸去。果然，酒杯在與巨人堅硬無比的頭骨猛烈碰撞後，應聲而碎。

這下，欲哭無淚的休彌爾再也無話可說了，只能對索爾唯唯諾諾，俯首稱臣。索爾馬上提出要拿走他那口釀啤酒的巨鍋給亞薩神使用。休彌爾哪還敢說半個不字，只能自我解嘲地與相伴多年的巨鍋揮手告別了。然而，索爾在搬動異常龐大的巨鍋時也產生了麻煩，無論他從哪個角度試圖扛起巨鍋，巨鍋都極不給面子的紋絲不動。最後，惱火的索爾大喝一聲，用神力抓住巨鍋的鍋沿一把將它舉過了頭頂，大步走出了休彌爾的家。

索爾剛走出不久，休彌爾的一夥同胞巨人就從後面趕上來了。他們企圖趁索爾頭頂巨鍋，行動不便的時候展開偷襲。索爾只能暫且先擱置下巨鍋，掏出神錘，輕鬆地將這夥不自量力的巨人統統都殺了。然後，還得再費力地把巨鍋扛上肩頭。等到力量之神索爾千辛萬苦地扛著巨鍋跋山涉水，大步走進了安吉爾家中時，亞薩神的歡宴還在繼續進行。索爾將足夠大的巨鍋放在了安吉爾的面前，在座的亞薩神、精靈以及主人安吉爾，無不由衷地讚嘆索爾的神威。雖然讓索爾又一次神氣地顯擺了神威，安吉爾有意折騰索爾的目的還是達到了，他也就不再計較了。就這樣，安吉爾有了巨大的酒鍋釀酒。從此，每個冬天的安吉爾之宴，眾神擁有更多的美酒可以開懷暢飲了。

小知識：

魔蛇，又稱塵世巨蟒，也被稱為約爾曼岡德，是北歐神話中的怪物。破壞及災難之神洛奇和女巨人安格爾伯達所生的三個兒子中的第二個，第一個是巨狼芬里爾，第三個是死亡女神和冥界女王赫爾。這條塵世巨蟒環繞著整個北歐世界，嘴銜著尾巴，頭尾相接，象徵永恆。在古挪威人的想像中，凡人居住的塵世位於整個宇宙的中央，是一座巨大的城堡，而塵世巨蟒就盤繞在這座城堡的周圍，在神的劫難到來的時候，牠將激起可怕的波濤。在神的劫難一戰中，這條塵世巨蟒從大洋裡咆哮而出，加入巨人之間的戰鬥，雷神索爾迎上前去，在經過一番激戰後殺死了牠，而索爾自己也被塵世巨蟒的毒液所殺。

識時務者為俊傑

所有出自巨人之祖伊米爾的巨人們，都被稱為霜的巨人。他們是巨人世界的主人、世界秩序的破壞者和神祇們的敵人。冰霜巨人霍格尼爾有匹名叫古法克西的寶馬，在各類賽馬比賽中一直拔得頭籌。因此，他時常向他人炫耀此馬為絕無僅有的良駒。

一日，眾神之主奧丁騎著八足神駿斯雷普尼爾在空中奔馳。狂妄的霍格尼爾正好瞧見這一幕，指著奧丁喝道：「你乃何人？怎麼騎著馬在我頭上飛？」奧丁聽到有人在下面對他狂吼，就帶著馬降落到陸地上探個究竟。霍格尼爾定睛一看神駿斯雷普尼爾，脫口而出：「你騎的馬倒是比你這個人神氣多了。」奧丁心想：「這個傻子，哪有拿人和馬比的，竟還敢說我不如匹馬！」奧丁有些生氣，故意大聲說：「這馬當然神氣了，你們巨人國再也找不到比牠更神速的馬了。」霍格尼爾不服氣地駁斥：「你聽說過我的寶馬古法克西的名號嗎，敢不敢拿我的馬跟你的比一比？」「比就比，你追到我，我就甘拜下風。」奧丁說完，立即策馬狂奔。

霍格尼爾見狀，翻身跨上寶馬古法克西，緊追不捨。但是，奧丁的馬畢竟是八足神駿，牠越跑越快，逐漸將寶馬古法克西越甩越遠。爭強好勝的霍格尼爾心急如焚得俯身緊貼在馬背上，全神貫注地駕馭著古法克西。直到越過了彩虹橋，穿過了阿斯加德大門。看見奧丁下馬站在瓦哈拉神殿等待他，霍格尼爾這才意識到自己進入了世敵的地盤。但是，既已入虎穴又有何畏懼，霍格尼爾反而翻身下馬，大模大樣地叉著腰站在亞薩園的土地上，氣定神閒地欣賞風光景色，這讓亞薩神大為佩服。

霍格尼爾雖然輸了賽馬，但贏了氣勢。亞薩神非常欣賞他的氣度風範，破天荒地邀請這個死對頭一起赴宴。霍格尼爾大方地接受了邀請，他隨諸神來到宴會大廳，毫不客氣地大口吃喝起來。亞薩神將霍格尼爾奉為上賓，禮數周全地款待他，不停為他獻酒添食。

但是，霍格尼爾並非亞薩神所想的那種品行端正的客人。幾杯酒下肚後，他便逐漸顯露品行，不識抬舉起來。霍格尼爾舉著剛滿上就被其一飲而盡的酒杯朝眾神呼來喝去：「倒酒！倒酒！亞薩神居然讓客人杯中無酒，真是徒有虛名，華而不實。」隨著酒勁的上湧，霍格尼爾的本性暴露無遺，他開始口無遮攔：「這瓦哈拉神殿裝修很豪華嘛！到時候我把它搬到巨人園去，亞薩園這麼難看，哪配這樣的裝修啊！到底是哪個草包設計的？至於其他建築嘛，沒什麼可取的，全給我拆了，拆得乾乾淨淨，看著多礙眼吶！在座的諸位留著也沒什麼用處，這不是浪費口糧嘛！乾脆全部殺掉好了，扔進亂葬崗去。」

眾神只當他是酒後胡言亂語，也不好計較，只得忍氣吞聲。但霍格尼爾卻越來越不像話，他招呼愛神弗麗嘉來為他斟酒，竟還用手摸著弗麗嘉的豐臀道：「果然亞薩神都愛喝妳斟的酒啊！不過妳這梨子一樣的身材斟酒太可惜了，更適合放在家裡生孩子，他們都可以殺了，但妳我可捨不得殺，會留著好好享用的。」弗麗嘉驚叫著跳開了。放聲大笑的霍格尼爾看到不遠處的西芙正紅著臉捂著耳朵，跳起來一把將她拉過來：「小妮子害羞什麼啊，這小臉紅撲撲地真迷人，我也不殺妳，到時候妳跟她一起回我家，一人一邊伺候著，好不痛快。」

這句話被走進宴廳的索爾聽個正著，見霍格尼爾如此戲辱自己的妻子西芙，索爾當即大發雷霆，怒喝道：「閉上你的臭嘴！這哪來的無賴，亞薩神的聖地豈容你這種潑皮在此撒野？」索爾對旁邊倒酒的弗麗嘉說：「妳離這個雜碎遠一點，給他倒酒還不如把酒直接倒進下水道，下水道都比他的臭嘴乾淨些。」「你憑什麼讓她遠一點？她可是我老婆！」霍格尼爾嚷嚷著，又捏了把弗麗嘉的豐臀，「我老婆為我斟酒，你管得著嗎？」索爾掏出神錘重重敲了一下霍格尼爾面前的桌子，所有東西瞬間粉碎，發出了巨大聲響：「你這狗東西，誰讓你進來的？要不是眾神立誓這裡不能被血污濁，我立刻就砍下你的狗頭。」

霍格尼爾心裡一驚，等他看清眼前之人正是巨人的剋星——力量之神索爾時，酒立刻醒了大半，但他還是繼續嘴硬道：「眾神之主奧丁都沒有站出來說話，你在我面前瞎嚷嚷什麼？不懂規矩！」索爾怒道：「無需他開口，我即可殺了你。」霍格尼爾有恃無恐：「是奧丁請我來喝酒的，那麼我就是客人，倒讓我見識見識你們的待客之道。」索爾冷笑：「我們好心請你喝酒，你卻像瘋狗一樣亂吠，有你這麼不識抬舉的客人嗎？」霍格尼爾繼續裝橫：「就算是，你又能拿我怎樣？」索爾一字一頓地說：「收回你所說的話，向當事人道歉。」霍格尼爾罵道：「你不知道覆水難收嗎？真是個白癡。」索爾火冒三丈：「你信不信我馬上破戒殺了你？」霍格尼爾挑釁道：「你有本事就殺啊！快啊！要是我的無敵巨盾和燧石大棒在這裡，我馬上就可以陪你轟轟烈烈大戰一場，到時候還不知道是誰會贏。你要是想做懦夫，可以趁我現在赤手空拳馬上砍了我，想做英雄咱們就三天後決一死戰！」索爾氣得暴跳如雷：「好！我就答應讓你再多活三天！三天後，要是不砸爛你的狗頭，我就自貶為凡人！」「能當面向力量之神挑戰，我真是三生有幸啊！」霍格尼爾摸摸肚子，打了個飽嗝。「滾！馬上在我面前消失。」索爾恨不得馬上過去撕碎這個巨人。霍格尼爾假裝鎮定地走出亞薩園。

回到巨人國後，霍格尼爾在眾多巨人面前添油加醋地大肆渲染自己的「豐功偉績」：「你們知道嗎？我把那班傻亞薩神統統都調戲侮辱了一番，他們居然還把我奉為上賓，禮數周全地款待我，許多亞薩神圍繞在我旁邊不停為我獻酒添食。我一高興亞薩神就跟著高興，我一生氣亞薩神誰也不敢開口說話。還有，我和你們都害怕的力量之神索爾針鋒相對啊！我勇敢無畏地挑戰他，他臉得被我氣白了卻無可奈何，真是過癮呢！」巨人族無不拍手稱快。不過，霍格尼爾也知道巨人天敵索爾的厲害，所以召集族人一起商量決戰該怎樣在三日後迎戰索爾的對策，最後，巨人決定為霍格尼爾再製造出一個幫手。他們用泥土塑了一個身高九里、肩寬三里的巨人，將一顆馬的心臟置於它胸腔中，用魔法賦予這個泥人生命。

決戰那天，霍格尼爾提著他那面厚重結實、足可護住半身的巨盾，扛著擎天柱般的大棒，帶著泥巨人來了約定地點。遠遠看到對面有人疾馳過來，霍格尼爾舉起巨盾防禦起來。不過。來人並不是索爾，而是索爾的急先鋒瑟亞非。瑟亞非老遠就衝著霍格尼爾喊道：「瞧你這笨頭笨腦的模樣，這巨盾雖大，卻只遮住了你的上半身，下半身毫無防護。我只需打你的腿，你的防禦就不攻自破。」霍格尼爾一聽言之有理，馬上把護在胸前的巨盾放在地上，自己則縮身躲在盾後。瑟亞非嚷道：「你這樣是遮住了上半身和下半身，可是你的頭頂毫無防護。我只需從上方打你的頭部，你的防禦就不攻自破。」霍格尼爾又用巨盾擋住下半身，將燧石大棒橫在上面防護頭部。瑟亞非見狀又說：「你這樣倒是保證了防護能力，但只守不攻，怎麼作戰啊？難道你要坐以待斃啊？」霍格尼爾把泥巨人搬到巨盾面前說：「我不作戰，只防禦就好了，它會替我作戰的。」瑟亞非笑道：「萬一它沒幫你抵禦住索爾怎麼辦，你得想個應急方案啊！」

正在霍格尼爾手忙腳亂時，索爾已經駕著雙羊戰車在電閃雷鳴中風馳而至。索爾一聲怒吼，奮力擲出了雷神之錘，夾雜著閃電、炸雷、烈焰直擊向霍格尼爾。這結合了索爾強大的力量與自然規律重力加速度的神錘，來勢太過凶猛，一下子就砸碎了泥巨人，砸碎了燧石棒，砸碎了巨盾，餘勢未減地又砸在了霍格尼爾的天靈蓋上。這個巨人花費心血精心製造的泥巨人還未發揮絲毫作用，就灰飛煙滅了。幾秒鐘的事，還沒來得及做出反應的霍格尼爾當即被砸得腦漿迸裂、命喪黃泉，真是個不識時務的人啊！

小知識：

弗蕾亞（Freyja），是繁育之神，掌管生育以及愛情，弗雷的妹妹。她十分慈祥，最為人所愛戴，因為冰天雪地裡的人們熱切盼望著春天的來臨。她常濃妝豔服，花枝招展，有時全副甲冑，披掛上陣，率領眾仙女為奧丁遴選死難英雄。在某些故事裡，她和弗麗嘉是同一個神。

誰動了我的項鏈？

在亞薩園中，愛情女神弗蕾亞是女神中的首領，與眾神之后弗麗嘉一樣享有崇高的地位。在神族戰爭以後，原本是華納神的弗蕾亞與父親尼爾德、孿生兄弟弗雷做為人質一起來到了亞薩園裡。沒過多久，弗蕾亞就以其美麗的外貌和崇高的神格獲得了亞薩眾神的尊敬。諸神驚豔於她非凡的美貌，立刻將弗爾克范格之地及一座名為瑟斯瑞尼爾的宮殿賜給她住。這宮殿非常之大，能夠容納有弗蕾亞的軍隊那樣多的客人。

弗蕾亞的美麗在九個世界中也無與倫比，著實是亞薩園的驕傲。許多不自量力的巨人覬覦著弗蕾亞的美色，企圖把她娶到巨人國中去。亞薩園周圍高大的圍牆，就是巨人國中最偉大的工匠為了得到弗蕾亞而去建造的，巨人首領塞留姆也曾為娶到弗蕾亞而盜走了索爾的神錘，當然最後付出了性命的慘痛代價。

眾神的歡宴上如果沒有溫情如水的弗蕾亞為亞薩神的巨觥裡斟上美酒，連美味佳餚都將變得索然無味。在華納海姆的時候，弗蕾亞是孿生兄弟弗雷的妻子；到亞薩園後，弗蕾亞嫁給了象徵著夏日的亞薩神奧德，他又被視為「熱情」或「情愛肉慾之歡」的象徵。弗蕾亞很愛她的丈夫，他們生了兩個極美麗可愛的女兒，一為赫諾絲，一為格爾塞蜜，她們的名字也因此成為一切可愛可貴之物的通稱。但是，奧德卻對愛情沒有那麼專摯，和弗蕾亞同居久了，漸漸心生厭倦了，時常出門漫遊，離家遠行，一走就長時間沒有音信，這讓滿腔溫情卻受到冷落的弗蕾亞非常傷心。弗蕾亞孤寂地守候在家裡，傷心落淚，她的淚水滴在石上，石為之軟；滴在泥中，深入地下，化為金沙；滴在海裡，化為透明的琥珀。經過了很長時候，不見奧德歸來的弗蕾亞只要一有空，就到各個世界中去尋找這薄情的奧德。結果當然很失望，因而她常在世界各地傷心流淚。倘若弗蕾亞的淚水滲進了石頭，石頭就會變成金子，這就是有的地方把金子稱為「弗蕾亞的眼淚」的原因。後來，終於在陽光照耀的南方的安石榴樹下，弗蕾亞找到了奧德，那時弗蕾亞快樂得就像剛出嫁的新娘子。為紀念這安石榴，直至今日，北歐的新娘都是戴上安石榴花結婚的。

弗蕾亞的美麗，不僅在於天生麗質，還在於很多金銀首飾的裝飾作用。她很喜愛金珠寶石製成的首飾，對這類東西的貪心是無可饜足的。有一次，她偷了奧丁真金像上的一塊金子。因為奧丁為了查究偷者的名字，曾以魯尼文字寫在金像口上，使其能自言偷盜者是誰，為了使金像不能自供偷者是誰，弗蕾亞還設法使金像破碎。而弗蕾亞的首飾中，最為著名的是一條全世界最美麗的項鏈。戴上這條金項鏈的弗蕾亞容貌愈加美麗，可謂熠熠生輝，增添了不少作用。如同所有的金子寶物一樣，弗蕾亞的這條項鏈也是由侏儒打造的。

有一天，弗蕾亞出行到了侏儒國，在一個侏儒的作坊外面無意中看見四個侏儒剛剛打造出一條美麗無比的項鏈。弗蕾亞一下子就深深地喜歡上了這條項鏈，她費力地鑽進石頭洞穴，表達了自己欲用重金向侏儒買下這條項鏈的意願。但是，這典型既貪財又好色的四個侏儒貝爾林、德瓦林、格爾、阿爾弗利克，故意一口拒絕了，他們慢條斯理地告訴弗蕾亞，這條布里希嘉曼項鏈是神奇的寶物，只要哪個女人戴上這項鏈，就沒有男人能抵擋她的魅力，所以他們是不會就因為幾個錢賣給她的。越得不到的東西越想要，弗蕾亞像著了魔似的死活不肯離開，她苦苦哀求著四個侏儒將這條項鏈賣給她，要她怎樣都可以，只要能得到這根項鏈。四個侏儒告訴弗蕾亞，想要得到這條項鏈也不是不可能，他們是不要錢的，除非她不鄙視侏儒的醜陋，心甘情願地和他們一起苟且一番。愛情女神弗蕾亞愛美心切，竟無法放棄這條項鏈，鬼使神差地答應了四個侏儒的條件。在侏儒的陰暗洞穴中，弗蕾亞恍恍惚惚地度過了四個夜晚，就這樣滿足了侏儒的不軌企圖。

最終，弗蕾亞也得到了項鏈。離開了侏儒國的弗蕾亞馬上將項鏈戴在天鵝一樣美麗的脖頸上，回到亞薩園到處炫耀。這條金項鏈增加了她的美麗，她從不離身，只為索爾喬裝自己搶回雷錘的事，借過索爾一次。不幸的是，成天無所事事四處遊蕩的洛奇，從侏儒國中知道了弗蕾亞這件苟且隱私之事。唯恐天下不亂的洛奇立即興沖沖地跑回亞薩園，向奧丁打了小報告，他添油加醋地將事情說得非常不堪。聽了此事的奧丁極為惱火，感到弗蕾亞丟了亞薩神族的臉，他命令洛奇設法把這條項鏈做為實證取來，令弗蕾亞痛失愛鏈，給她一點教訓。

洛奇奉奧丁之命，挖空心思地想辦法，直接向弗蕾亞索要是絕對不會給的，如何神不知鬼不覺地從弗蕾亞的脖子上盜來這條項鏈呢？最終，洛奇決定趁弗蕾亞睡覺的時候下手。一番準備後，洛奇趁弗蕾亞睡覺的時候偷偷來到了她的睡房外面。轉了一圈後，洛奇發現根本找不到機會混入弗蕾亞鎖得嚴嚴實實的睡房中，更別說要偷取她的項鏈了。沒辦法，他只好變成了一隻蒼蠅，到處尋找可以飛入的空隙。洛奇在密不透分的牆壁周圍繞了很久，最後在屋頂上發現了一個跟針眼差不多的小洞。欣喜的洛奇用盡平生所有的力氣拼命擠了進去。

當他飛到小床邊，看見美麗的弗蕾亞睡得又香又甜，那條項鏈就戴在她脖子上。

只可惜，弗蕾亞平躺著，項鏈的連接處被她壓在了下面，洛奇根本沒有辦法取下。這時腦子靈活的洛奇馬上變成了一隻跳蚤，狠狠地叮咬弗蕾亞的玉頸。弗蕾亞很快被咬醒，翻了個身又睡去了。這一下，項鏈上的鎖扣正好露在了上面。洛奇立即現回原形，輕手輕腳地將項鏈解下，打開睡房的鎖，溜之大吉。他拿著項鏈，急急地向奧丁邀功去了。

第二天一早，醒來的弗蕾亞馬上就發現一直戴著的項鏈不翼而飛，而睡房的門卻大開著，便立刻明白是有人潛入臥室偷走了項鏈。弗蕾亞隨即來到萬能之主奧丁的宮殿，向他詢問究竟是何人偷走了自己的項鏈。奧丁裝作什麼都不知道的樣子：「我昨晚睡熟了，愛神還是去別的地方找找看吧！」弗蕾亞無奈只好四處尋找，一無所獲的她累得筋疲力盡，絕望地坐在亞薩園邊緣，嚎啕大哭。這一幕，正好被守衛亞薩園一舉一動的希爾達姆看見。他走上前去問道：「弗蕾亞女神，妳因何事在這裡黯然神傷啊？」弗蕾亞哭得愈加傷心：「我的項鏈不見了！」「妳是說妳平時常戴的那條項鏈嗎？」「是啊，難道你知道它在哪？」希爾達姆溫和地笑道：「我日夜守護亞薩園，當然看見了那些暴露在天日下的行為。不過，這些事素來還是不能亂說的，這是我身為守護神所需遵守的規則嘛！不然亞薩眾神都沒有祕密了。」弗蕾亞楚楚可憐地看著希爾達姆，一雙水汪汪的大眼睛勾人魂魄：「求求你告訴我好嗎？」希爾達姆抵抗不住這般撒嬌地哀求：「昨夜我看見洛奇潛入妳房間，出門後急急地向奧丁那裡跑去了。」弗蕾亞一聽，馬上又向奧丁宮殿跑去。

一看到奧丁，弗蕾亞就伸手索要項鏈。奧丁面子有些掛不住，裝成一本正經的樣子說道：「妳知道自己犯了什麼錯嗎？」弗蕾亞裝作無辜的樣子：「我不知道自己做錯了什麼事，會讓眾神之主奧丁對我的項鏈這般掛念，望主明示。」奧丁不動聲色地說道：「那妳倒和我說說是誰平白無故給了妳這條項鏈，這般好的人妳把他叫來，也請他給我製造一些神物啊！」弗蕾亞眼見事情敗露，奧丁也不會直接把如此苟且之事挑明，便換了口氣哀求道：「英明神勇的奧丁啊！請你饒恕我的過錯，把項鏈還給我吧！千錯萬錯都只因為我太愛它了，我保證以後再也不會了，求求你了！」自古帝王難過美人關，看著美麗聰穎的愛情女神弗蕾亞楚楚可憐地請求，眾神之主奧丁的火氣煙消雲散。他溫和地規勸了弗蕾亞幾句，就爽快地把項鏈還給了她。

從此，弗蕾亞的玉頸上永遠戴著這條美麗絕倫的項鏈。事實上，雖然弗蕾亞的正式丈夫是奧德，可是和她發生過關係的卻也很多。自諸神以內的所有人，包括巨人和侏儒們都渴望得到弗蕾亞為妻。弗蕾亞不喜歡巨人，至於男性的神祇們，正如洛奇後來罵弗蕾亞的那樣，都曾和弗蕾亞有過肉體上的關係。弗蕾亞的確利用自己的美色，達到了很多目的。不過這件項鏈事件發展到最後，無人斥責弗蕾亞，反而是洛奇悲劇地被人譴責為「偷項鏈者」。看來，果然是美麗的女性弱者比較容易博取同情。

小知識：

弗蕾亞（Freya），北歐神話中的美與愛之神，是尼爾德的女兒，弗雷的妹妹。在日爾曼，她和神后弗麗嘉混為一談，但在挪威、瑞典、丹麥和冰島，她是獨立的神。她十分慈祥，最為人所愛戴。她不僅是愛情女神，職司人類的愛情和男女之間的山盟海誓，也是和奧丁、弗麗嘉一樣為亞薩園的命運和安危時時操勞的神的首領。有時候，當華爾克萊們選擇來人間的犧牲戰士時，也有一半交由弗蕾亞，由她在她的宮殿裡進行訓練。她在亞薩園中享有和眾神之后弗麗嘉同樣崇高的地位，是女神中的首領。因此在某些故事裡，她和弗麗嘉是同一個神。弗蕾亞到亞薩園後嫁給了一個叫奧德的亞薩神。

「鑽石王老五」的艱難愛情

眾神之主奧丁久居亞薩園中，不常到人間遊歷旅行。有一次，他與妻子弗麗嘉鬧彆扭，一氣之下離家出走，在人間待了很久。那段日子裡，奧丁為了反抗命運，正好利用這個契機，在人間挑選「恩赫里亞」。這些能夠進入主神「英靈殿」的勇士，對奧丁來說具有極其重大的意義。因而，奧丁選取了很多在人間戰場上陣亡的英傑，但這些人遠遠不夠。

於是，奧丁將目標鎖向了那些靠出海劫掠為生的維京人，希望從這些北歐海盜中物色、發掘出一些視死如歸的英才。要想獲取維京人的信任並建立威信，最好的辦法就是成為他們中的一員。奧丁化名為特維斯，成了一名海盜混入了維京人中。沒多久，奧丁就憑藉實力成為了維京人的一個小頭目，他用「重賞之下必有勇夫」、「下要保底，上不封頂」的工資薪酬分配方案，招絡了大批氣魄英勇、戰鬥力超強的海盜。同樣，奧丁令人難以抗拒的無與倫比的領袖氣質令不少海盜折服。

後來，有人問這些英魂升天的「恩赫里亞」：「當初，為什麼你們明知跟隨奧丁會難免一死，但還是拋棄一切，義無反顧地加入這個團隊？」這些「恩赫里亞」大多這樣回答：

「因為找到了自己屬於的組織了。」

「一看到特維斯我就眼前一亮，願拋下所有，財富、地位以及身邊的朋友和下屬，一心與他同行。」

「雖然同樣是靠武力擄掠，但跟隨特維斯做就很有成就感。」

「因為這是一份很有前途的事業。」

化名為「特維斯」的奧丁，指揮著他的船隊和勇士們攻城掠地，奪取土地和財物。當然，奧丁將戰利品全部打賞給了手下。因為，早已是眾神之主的奧丁與其他海盜頭領哪會一樣，他看中的不是金銀財寶，而是這些悍不畏死的靈魂。奧丁在人間活動的目的只有一個，那就是向瓦哈拉神殿輸送更多的英靈戰士。所以，化名為「特維斯」的奧丁四處播撒戰鬥的種子，挑起各國的戰爭，操縱敵我雙方將士的命運。奧丁讓凡是英雄的人物都殊途同歸地戰死沙場，再被瓦爾基麗雅們帶到瓦哈拉神殿。

一段時間過後，圓滿地完成了招兵計畫的奧丁，內心一直繃緊的弦也就鬆了下來。既然已在人間，奧丁打算遊耍一下，好好犒勞自己。奧丁打聽到附近西蘭島的統治者是待字閨中的女王薩迦斯。她是華納神族的後裔，詩詞琴藝造詣非凡，美貌和才華甚至讓亞薩族的女神們都黯然失色。在西蘭島周圍的國家中，那些未婚的領主、王儲、少年英雄都慕名前來求親，足以達到絡繹不絕之勢。不過，據說薩迦斯具有美女的普遍特性，生性極為傲慢，擇偶標準頗高。她在拒絕一些看不上眼、不自量力的追求者時，還會順便侮辱一下對方，弄得對方丟盔卸甲、灰頭土臉才肯甘休。聽到這個消息，奧丁心中那好奇心和征服慾被啟動了，發誓要將薩迦斯變成自己的另一個戰利品。

化名為「特維斯」的奧丁挑選出了一些心腹，連夜起航前往西蘭島，到達薩迦斯的王宮。女王的侍從早對這類的不速之客司空見慣了，他們都忍不住掩面偷笑，等著看這個號稱「勝利之王」的特維斯在那眾多賓客面前被捉弄得出盡洋相，狼狽不堪。

在酒席上，化名為「特維斯」的奧丁終於第一次見到了耳聞已久的薩迦斯，她果真風華絕代，名不虛傳。奧丁那神采飛揚的獨眼中早已顯示出，他正拼命按捺住自己幾乎快要跳出喉嚨的心臟。而此刻薩迦斯女王對這位身形偉岸、體格壯碩、儀表堂堂的海盜頭領特維斯的第一印象，也還蠻不錯的，當然她絕對不會因此放棄要捉弄他的想法。薩迦斯女王看似非常熱情地招呼著僕人侍奉這位遠道而來的海上英雄，自己則挨著特維斯坐下，舉止優雅地開始用餐。

酒過三巡，菜過五味後，特維斯問薩迦斯：「據聞尊敬的女王陛下至今仍單身？」薩迦斯假裝很惆悵地說：「唉！還沒碰到合適的人啊，現在才貌雙全的成功人士實在太少了。」特維斯一聽此話，就攤牌道：「我是個直腸子，就把此行目的開門見山地說了吧！鄙人一直仰慕女王的美貌和氣質，這幾年又在沿海做國際貿易攢了些積蓄，而今自己一個人覺得很孤獨。在餘下的時間內，我誠懇地請求女王與我共度此生，分享我的所有。」薩迦斯回應：「才第一次見面，你就談婚論嫁，未免太倉促了吧？」

特維斯不動聲色地說：「薩迦斯女王，請你原諒我的冒昧。我之所以如此匆忙地趕來，就是因為迫切想見到妳，快一點向妳表白。或許妳來不及召集更多的親友來見證我的坦誠之心，但我想向妳保證，這些隨我前來的人都是我最親密的夥伴、出生入死的戰友，他們曾經見證過我在戰場上的打拼，現在他們也在此見證我的求婚，我相信在座的各位都感受到我的真心誠意。」薩迦斯笑呵呵地說：「你比之前來這的人就各方面來說都好了不少。看來他們都是給你暖場的，我拒絕他們敢情就是命運安排等你上場。」

薩迦斯心想：這特維斯怎麼如此擅長哄單身女性，熟練得像已婚男人一樣。薩迦斯追問了一句：「特維斯你還沒結婚吧？」特維斯斬釘截鐵地答道：「我在人間真的沒有結過婚，還是單身。」的確，奧丁跟弗麗嘉是結了婚，但那可是在神界的事情，在人間依舊處於單身狀態可是真話。於是，薩迦斯一反冰山美人之態，對奧丁投懷送抱，殷情勸飲。奧丁雖然算得上是天上人間海量的豪飲之神，但也抵抗不住這樣一杯接一杯的美酒，酣然沉醉。

酒席結束，奧丁在僕人的攙扶下，搖晃著進了薩迦斯女王的臥室，撲倒在了床上，立刻酣睡過去。薩迦斯見計謀得逞，又可以惡作劇一番了。她將奧丁的頭髮全部剃光，塗上松脂，在宮殿中招搖過市；然後把他裝進一個超大號的黑色大袋中，吩咐手下將其送回船上。

第二天早晨，薩迦斯將仍處於宿醉狀態中的特維斯的手下喚醒：「你們的首領已經上船了，讓你們馬上返回工作職位，順風起航。我還送了你們一份禮物，已經放置在床上了。」海盜們回到船上後，看見甲板上有一只超大號的黑色袋子，滿心歡喜地以為這就是女王送給他們的禮物。誰知海盜們解開口袋一看，裡面居然是樣子怪異的首領特維斯。此時此刻，特維斯正好酒醒睜開眼睛了。在眾手下的圍觀中，他只能用詭異的微笑尷尬地掩飾著自己吃的啞巴虧。眾海盜被懾於他的神威，自然也不敢出言相問。

薩迦斯戲弄了聲名遠播的海盜首領特維斯後，愈加驕橫傲慢了。她還將此事編為歌謠派人四處傳唱，嚇走了所有的追求者。像特維斯這樣的「鑽石王老五」都被薩迦斯女王戲耍成這般模樣，其他烏合之眾誰還敢去求婚呢？

從此，原本門可羅雀的薩迦斯宮，再也沒有了往日的喧鬧，薩迦斯女王獲得了她一直渴求的安定清寧。但是，隨之而來的反面效果——寂寞孤獨卻讓女王日益消沉。沒有了那些絡繹不絕前來追求的王公貴族和商界巨賈，少了玩弄對象的薩迦斯女王失去了生活的重心。她逐漸意識到愧疚，之前對那些愛慕自己的人做得太過火了一點。特別是那個特維斯，他算得上是所有求親者中條件最好的一個。雖然，他比正常人少了一隻眼睛，但這也是人家打拼事業時的印記啊！看著反而多了幾分大氣，更有男人味。雖然，他比其他求親者略顯狂傲，但誰讓人家戰功顯赫，財雄勢大？在特維斯之前，沒人能讓女王順眼；在特維斯之後，沒人能讓女王入眼。

過了一段時日，薩迦斯宮外來了一個鬼鬼祟祟的乞丐。這個乞丐伺機接近了薩迦斯女王的僕人後，神祕地透露：「我在海邊的樹林中發現了一樁軼事。」「什麼事啊？」被勾起好奇心的僕人急忙向乞丐打聽詳細情況。乞丐卻閃爍其詞地推說：「其實也沒什麼啦！說了你也不會相信，到時還把我當作神經病抓起來！」僕役心裡賭得慌，哀求乞丐：「你這不是吊我胃口、要我命嗎？無論信不信，也得讓我聽完啊！」乞丐故作神祕地在僕人耳邊公佈答案：「每逢月圓之夜，海邊的樹林裡就會有神牛交配，會繁殖出大堆的金銀珠寶。有次被我撞見了，我可是親眼目睹了那些亮閃閃的金銀珠寶啊！你還別不信，我就帶了些回來了。」說完，乞丐從懷裡掏出了一塊黃金，做為證物展示給僕人看：「我身分卑微，著實不敢在市場上將這些神牛交配後的副產品兌換成現金以獲利，別人看我這麼窮，肯定以為是我偷盜得來的。我這不是身揣財寶不能花，乾著急氣死人啊！我可不想再過這種風餐露宿的生活了，你能不能幫忙將這塊黃金在自由市場上兌換，替我採辦衣食。剩下的部分就做為活動經費和酬金由你自行支配，好嗎？」僕役碰到這等好事，當即拍著胸口答應下來，發誓守口如瓶，絕不走露半點風聲。

當然，越是答應保守重大的祕密，就越有與人分享的衝動。沒過幾天，神牛交配繁

殖金銀財寶的事情就傳到了薩迦斯女王的耳中。做為一國之主，她對金銀珠寶毫無興趣，倒是對生產源頭、過程及工藝大感興趣，她不明白神牛在交配後究竟是如何製作出貴重金屬的。薩迦斯問那個最先傳出消息的僕役：「聽說你有朋友目睹了神牛交配生出金銀珠寶這事？」僕役想起了乞丐叮囑他保密的事，佯裝不知地說：「全知全能的女王啊，這都是外界的謠傳啊！」薩迦斯怒斥道：「知情不報已是有罪了，現在你還刻意隱瞞，這欺君之罪你擔當的起嗎？」僕役嚇得磕頭如搗蒜，不停地求饒：「尊敬的女王，請饒恕我的罪過吧！我願意交出僅存的珠寶，我願意帶您去事發現場。」

在一個月圓之夜，薩迦斯女王跟隨領路的僕役，來到海邊的樹林中。在傳說中所謂神牛交配的地方，哪有看到什麼神牛，只有坐在巨石上的特維斯一人。其實，這正是化名為「特維斯」的奧丁的計謀。特維斯點頭向薩迦斯致意道：「親愛的女王，真是人生何處不相逢啊！很高興能夠再次見到妳。上次享受了女王的盛情款待，在下還未曾來得及答謝陛下呢！今夜，我正好在船上舉辦了宴會，還望陛下賞臉光臨。」薩迦斯發現自己居然走入了特維斯設好的局，還變相收了他的金銀財寶，不由感到尷尬，便回答說：「參加宴會倒是可以，但我是未婚女性，晚上必須得早點回家。」特維斯莊嚴起誓道：「我向庇護我們的主神奧丁發誓，絕不會對女王採取任何逾越社交禮儀的行為，必定禮尚往來，否則就讓奧丁懲罰我吧！」

薩迦斯聽到特維斯都搬出眾神之主奧丁來發誓了，便放心大膽地攜一眾僕人到特維斯的船上赴宴。她哪裡會知道特維斯即是奧丁，這樣自己說給自己聽的誓言毫無意義，就算違約，奧丁也不會蠢到懲罰自己吧！當薩迦斯和僕人們一進船艙，特維斯就命令水手起錨揚帆，離開西蘭島的港灣。當時，海面上風速並不快，以致於薩迦斯女王和僕人絲毫沒有感覺到船已慢慢遠離港灣，向深海航行去。

船艙裡，特維斯一直與薩迦斯推杯換盞，但心存戒備的薩迦斯都是淺嚐輒止。特維斯見這招不奏效，便想了個主意：「這樣一直喝酒也頗為無趣，在下誠摯邀請薩迦斯女王和僕人一起玩個遊戲，咱們擲骰子比大小，贏家倒酒，輸家喝酒。」深居皇宮的薩迦斯女王從未玩過這種平民遊戲，怎會是四處遊歷的奧丁的對手，片刻之間就連輸了幾局，不得不服輸地乾了好幾杯酒。

這時的薩迦斯幾杯下去，意識已有些處於半恍惚狀態，自感不勝酒力，頓生退席之意。特維斯馬上阻止：「遊戲中人人平等。女王怎可因為運勢不好就想棄局退場，這樣很掃興的。」這是特維斯的主場，薩迦斯也不好意思強硬拒絕，幾度猶豫時，又連輸了幾局。烈酒入喉後，薩迦斯女王胃中翻江倒海。她恐酒後失態了，趕忙推說天色已晚，自己要起駕回宮了。特維斯馬上回應：「我說過會早些送妳回家，妳放心，肯定說到做到的。」薩迦斯疑惑地問：「我感覺已經很晚了。為什麼不見你船艙裡面有計時的沙漏啊？」特維斯道：「我們這些以海為家，以浪為床的粗人，平素都是以觀測日月星辰的軌跡來掌握時間。又不是四平八穩的陸地，在如此顛簸搖晃的海面，沙漏怎麼能準確計時呢？」

沒想到，薩迦斯直接站起來，將頭探出窗外觀察天色，只見海水浪打浪，早已遠離西蘭島港灣，這才知道上了一條不能返航的船。薩迦斯知道特維斯是吃軟不吃硬的漢子，現在只有放低姿態才對自己有利。於是，薩迦斯藉著酒勁往特維斯肩頭一靠，柔聲細語地說道：「你們那豪爽的氣魄是不是長年漂泊在海上所造就的？」特維斯得意地說：「那當然，我們都是坦坦蕩蕩的漢子。」薩迦斯故意反問道：「也就是說不會小氣的哦？」特維斯：「男子漢固有傳統美德之一就是心胸開闊！」薩迦斯將嘴唇靠近特維斯耳朵道：「無論你接受與否，我為上次的任性和失禮向你致歉。」特維斯哈哈一笑道：「沒事沒事，妳不提我都忘了這事了。來來來，今日大家把酒言歡。」薩迦斯心想：「我都已經這麼明白地低眉順眼，還說這種話，你這是掩飾自己的虛偽，還是給我面子啊？」特維斯頓了頓說：「女王陛下，看來妳有些微醺了，還是去書房醒醒酒吧！」

薩迦斯心裡盤算著能這樣脫離酒局也是件好事，就點頭應允，離席進屋。書房裡只有一張鋪了北極熊皮的大床，這分明是臥室，哪是書房？就這樣，薩迦斯女王被堵在了特維斯的臥室之中。特維斯緊隨其後：「我尊貴的女王，妳平時都在深宮養尊處優的。這次親自到海邊來也是想尋些寶藏嗎？」薩迦斯不屑地說：「我做為西蘭島的主人，會眼饞寶藏嗎？」「既然對財寶毫無興趣，那女王為什麼還要到海邊來呢？莫非是另有所圖？」薩迦斯女王面紅耳赤，一句話也說不出來。雖然貴為女王，但她也與一般人無異，好奇心重，才會一步一步地自己進入特維斯所設的局。薩迦斯意識到她與特維斯之間的過節，恐怕只能用成年人獨有的方式來解決不可了。

夜晚，船沒有靠岸，酒席間觥籌交錯。風平浪靜的海上，「鑽石王老五」的愛情終究修成正果。

小知識：

英靈殿瓦爾哈拉，奧丁神在人間的戰場上挑選英勇善戰的戰士——準確地說，就是那些不怕死的人——以便讓他們與諸神一道在世界末日的諸神黃昏（Ragnarok）之戰中並肩作戰。瓦爾基里就騎上快馬穿越雲端，把挑選出來的武士送到瓦爾哈拉——奧丁神接待死者亡靈的殿堂。在英靈殿內，那些犧牲在戰場上的人被稱作「einherjar」（格鬥者），他們每天都要面對面地進行實戰操練，到了晚上他們又像沒有受傷的人一樣歡宴狂飲。這英靈殿的神話，正體現了古日爾曼蠻族所嚮往的理想生活——白天戰鬥、晚上豪飲，無所畏懼地迎接挑戰。

第三章
神之黃昏

精誠所至，金石為開

羅斯國是位於人間園的國度，國王比林為羅斯國一方君王。他有一位名叫琳達的獨生女兒，琳達豔若桃李，冷如冰霜，著實是位冰山美人。從小到大，琳達最愛的玩具就是冰雕。在酷熱難耐的夏季，琳達的寢宮中依舊冰封如故，所用的家具皆用寒玉特製而成，連最耐寒的極地植物都無法在周圍生長。到了呵氣成霜的冬季，所有人都包裹在嚴實的裘衣中圍坐在火爐旁取暖，而琳達卻穿著清涼的薄紗夏裝在冰雪世界中閒庭信步，放聲歌唱。

但是，琳達患有嚴重的社交恐懼症，對任何人都態度冷淡生硬。若有人向她詢問感情問題，她就會板起臉，面無表情不理睬人；要是對方還不知死活地給她介紹對象或求婚，她就會不給面子地大發雷霆，連壁爐中熊熊燃燒的火焰都會隨著琳達的怒氣瞬間熄滅。因而，所有本國或鄰國的王公貴族們都不敢前來向她求親。而琳達也不願意被人牽絆住自由，現在的她可以自由自在地玩耍，享受一個人的無拘無束。

本來，國王比林也因為寵愛自己的女兒，由著琳達的性子。然而近年來，羅斯國經常受到海盜和強鄰的侵犯襲擊。年老體衰的國王比林根本無力率軍抗擊外來侵略者，舉國上下也挑不出一個能夠擔此重任的勇士。這時，國王比林真心希望能有個兒子或女婿率軍出征，解救國家的危機。這樣一大把年紀是不可能再有兒子了，就算有也等不及他慢慢長大；唯一只能寄希望於獨生女琳達身上，盼望她能盡早改變想法，覓得如意郎君。

一日，國王比林的王宮裡突然來了一位自稱是特維斯的陌生人。他頭戴闊簷帽子，身穿灰色風衣，與普通路人沒什麼兩樣。唯一可以看出端倪的就是，左眼的眼罩顯示出此人就是獨眼奧丁喬扮的。眾神之主奧丁之所以匆匆趕來羅斯國，是因為預言女神告訴他，他的兒子光明之神巴爾德爾將被謀殺，而能夠手刃殺子仇人的只有他和琳達的兒子。在這之前，奧丁連琳達的面都沒見過，根本不知道琳達是何許人也，只得想辦法在人間尋找機會接近她。

特維斯拜見了國王比林，鄭重其事地對他說：「想必陛下現在因為外來侵犯不斷而苦惱，我可以替陛下擊退所有敵人，還可以讓他們數年之內不敢再逾越國境線一步。」比林不動神色地問道：「壯士有何條件？」「我不貪圖金銀財寶，唯一條件就是請陛下把令千金琳達嫁給我。」特維斯堅定地回應道。

比林喜出望外，自己的女兒終於有人敢來提親了。但是，比林突然想到女兒孤傲的怪脾氣，便告訴特維斯：「我的女兒性子極為古怪，她不願意談論感情之事，這也不是我能決定的事情，容你仔細考慮後再做決定吧！」特維斯拍著胸脯說：「只要陛下能夠信守承諾，我保證一定打敗敵人。至於能不能俘獲琳達的芳心，那是我自己的事，陛下不用擔心。」國王比林眉開眼笑，點頭應允。

於是，特維斯在羅斯國內招募了許多精兵良將，不多日便開赴前線。這班神領導的軍隊對決人領導的軍隊的戰鬥局勢，其結果顯而易見的。有奧丁的神矛岡尼爾、鎖子鎧甲助陣，攻擊和防禦力強勁的羅斯國軍隊所向披靡，捷報頻傳，沒多久就以完勝的戰況班師回朝。

凱旋而歸的特維斯受到羅斯國臣民的夾道歡迎，唯獨不見國王千金琳達的身影。慶功宴結束後，特維斯在國王比林的默許下，步入了琳達的冰宮。特維斯微笑著對琳達說：「想必公主已經知道我完勝回朝了，是時候該和我完成接下來的事情了吧！」琳達當然知道父王與特維斯的約定，但她怎肯就範：「別的暫且不說，不如英雄先在寒舍歇息一下。」琳達以遵守禮節為表面現象，刁難為真實目的，請特維斯到溫度低於零度的寒玉椅上就坐。一般人坐一下這樣的寒玉椅就會下半身癱瘓，內火極重的奧丁卻泰然自若地坐在寒玉椅上，笑瞇瞇地謝過琳達的美意。琳達暗暗驚嘆來者不簡單。見琳達沒有答應的意思，特維斯直接開門見山：「我已得到國王恩准，前來與公主完婚。」

琳達馬上大聲斥責特維斯：「你是什麼東西，竟敢如此口出狂言，膽大妄為！」從琳達口中飛出的每一個字眼，都即刻化作冰凌，直接射向特維斯。沒想到，還未等冰凌逼近特維斯，竟都被其護身的炙熱氣場所融化。見此招並不奏效，勃然大怒的琳達騰身圍繞特維斯高速旋轉起來。她體內透出的寒氣馬上形成了一股旋渦，像鐵桶一樣牢牢包圍住了特維斯。旋渦中持續不斷地迸射出密密麻麻的冰刃霜箭，一眨眼就將特維斯全身的甲冑都撕成了碎片。

特維斯仰天長笑，嗖的一下站起身來，踏出氣旋，緩緩走近琳達。特維斯心跳加速，血液升溫，全身發光發熱，這使得原本鋒利急速的冰刃霜箭一靠近他熾熱的能量場後，即刻化做水蒸氣升騰。特維斯每走近一步，琳達周圍的氣溫就上升十度，她第一次有了渾身冒汗的感覺，只得一步步地退後。琳達漸漸被熱浪逼退到了牆角，逐步靠近的特維斯距離她只剩一臂之遙。特維斯得意洋洋地向琳達嘴唇湊近，想要親吻這個「戰利品」。琳達則狠狠給了特維斯一記耳光。伴隨一股冷風，她飛快地跑出宮殿。特維斯望著琳達消失的背影：「或許琳達討厭粗獷武夫吧！以心靈手巧的形象出現在她面前效果就會好些。」

幾天後，特維斯化身為銀匠，故意向國王比林進獻了許多精美的男式銀飾。琳達看到父王佩戴工藝精湛的銀飾，便向父王撒嬌索要。國王比林只能下令請銀匠再次進宮，計量琳達的尺寸，專門為她訂作銀飾。特維斯又創造出機會接近琳達了，他打算在量琳達手指尺寸的時候順便摸一摸她的小手，然後在現場打造幾個純手工銀飾送給她。只要用首飾把琳達逗開心了，接下來的事就好辦了。

但是，從特維斯一走進王宮門，琳達就憑著女人的直覺開始懷疑這個銀匠的來歷和身分了。因為，一般人靠近她十公尺內都會凍得瑟瑟發抖，不停地打噴嚏；而這個銀匠居然能夠不著裘皮，僅襲一身單衣神態自若地大踏步進宮，這足以讓人懷疑其動機和目的。當特維斯度量琳達手指尺寸時，她已經從他的一言一行、火燙的體溫、還有那隻獨眼，察覺到這個銀匠就是特維斯裝扮的。正當特維斯趁著量琳達手指尺寸，順便摸了摸她的小手時，只聽「啪」的一聲，特維斯又挨了一記耳光。再一次，伴隨一股冷風，琳達轉身跑出了宮殿。特維斯心想：「是不是匠人的身分太過卑微，琳達才會不屑於如此懸殊的階級差異？看來我得以帥氣陽光、年輕有為的形象出現。」

於是，特維斯第三次踏進王宮門，以傑出青年的形象向琳達正式求婚。他特意隱去獨眼，用炯炯有神的雙目示人。國王比林特別喜歡這個小有成就的小伙子，而且他的樣貌比起之前要娶自己女兒的那個「獨眼龍」端正順眼多了。在解決疆域爭端後，國王比林早將注意力放到了女兒琳達的婚事上，急切盼望找個乘龍快婿。自古婚姻都是父母之命、媒妁之言，覺得女大當嫁的國王比林下定決心將琳達嫁給了這個由特維斯變身的小伙子。聽聞消息的琳達怒氣沖沖地跑來質問父親。

沒想到，國王比林這次一反常態，不再由著女兒胡鬧。他老淚縱橫地說：「妳已到了該嫁的年齡了，這次就算妳不想嫁也得嫁！難道妳忍心看到父親我老了無法享受天倫之樂，後繼無人嗎？妳對得起我，對得起這個國家的子民嗎？」迫於父親的壓力，琳達勉強答應跟這個不知來歷的人成了婚。新婚之夜，賓客散盡。特維斯笑嘻嘻地走進新房，對新娘說道：「妳知道我是誰嗎？妳終究還是我的，命中註定啊！來，咱們該以夫妻之名，行夫妻之實了。」「想得美！」琳達毫不留情地一腳將丈夫踹下了床，「做夢去吧！」如此輪番三次被拒絕後，特維斯惱羞成怒，他爬起來對著琳達額頭一指，唸動魯尼神咒。琳達立刻昏過去，特維斯也拂袖而去，一走了之。

第二日清晨，琳達醒來後就一直處於恍惚之中，對任何人或事感覺似曾相識，卻又不知所以然。心急如焚的國王比林到處張貼告示，請來了世界各地的名醫、巫醫，但他們對琳達怪異的病情都束手無策。這也怪不得他們，不懂魯尼符文的凡人自然無法解開眾神之主奧丁的神咒。

正在國王比林束手無策時，奧丁裝扮成一個叫瓦克的江湖遊醫求見國王比林，聲稱自己能治好琳達的怪病。按照眾神之主奧丁以往的脾氣，怎堪忍受凡人三次羞辱。但是，回到亞薩園的奧丁想到命運女神預言能替他報殺子之仇的人只有他和琳達所生之子，他著實不想讓殺害自己親生兒子的凶手逍遙法外。因此，奧丁只能耐著性子再次接近琳達。

來到琳達的臥房後，瓦克先將泡有極地苔蘚的藥油加熱給琳達泡腳，然後按摩其腳底穴位。原本麻木知覺的琳達漸漸恢復了一點意識，開始迷迷糊糊地呼喚父王的名字。國王比林一看馬上要求瓦克加大藥量，縮短療程讓女兒早日康復。瓦克回應說：

「公主病情剛剛有所起色。她身體抵抗力太弱，周圍溫度稍有變化就會令其病情急速惡化。接下來的療程得在一個不受外界干擾、完全密閉的房間內，讓我一人獨自進行。」

國王比林覺得有些不妥，但想到女兒已變成這樣，當前治好病恢復健康才是重中之重，便答應了瓦克的要求，吩咐手下準備了一間密室，請瓦克到裡面安心治療琳達。被請入室的瓦克關上門，轉身就恢復了獨眼奧丁的形象。

他不停加大琳達耳後、脖子、背部等神經末梢敏感部位的按摩力度，同時緩緩唸起了驅散符咒的魯尼文，使琳達逐漸清醒過來。奧丁靠近琳達耳邊輕輕問：「我尊貴的公主，按摩的力度夠不夠，要輕一點還是重一點？究竟要我怎樣做，才能感化妳那顆冰冷的心，讓妳接受我？」此時此刻，完全清醒過來的琳達徹底感受到了奧丁濃濃的真情實意：「自己那麼多次蠻不講理地對他，對方竟還不捨不棄。父王之前也許配了自己和他的婚事，是時候將心和人交給他了。」

最終，琳達成了奧丁第四任妻子，為他生下了主司園藝的欣欣向榮之神瓦利。正如預言的一樣，奧丁和琳達所生之子瓦利殺死了光明之神巴爾德爾的孿生兄弟霍爾德爾，為巴爾德爾報了仇。只可惜，命運女神沒算出霍爾德爾是遭洛奇欺騙而誤殺了巴爾德爾。

小知識：

瓦利（Vale），主神奧丁之子。瓦利是琳達與奧丁的私生子，他一出生即迎風就長，剛過一晝夜便能上陣打仗，他不洗雙手也不梳頭，直到抓住巴爾德爾的仇敵霍爾德爾，為光明神巴爾德爾報了仇。

亞薩神與三個怪物的糾葛

巨人西格恩是亞薩園眾神的首領之一洛奇的妻子，她為洛奇生下了許多孩子。無一例外，這些孩子也都是巨人。西格恩生性善良，自從嫁給洛奇以後就一心待他，忠誠地為他生兒育女、相夫教子。西格恩帶著她的巨人孩子，居住在約特海姆的鄉村裡，本本分分、老老實實地過著普通巨人的生活。

只可惜，生來就不安分的洛奇哪裡會安安穩穩生活，他時常和其他女巨人鬼混。由於其他女巨人生性正邪不一，這就導致洛奇在各地還有一批各不相同的子女。其中，巨人國中就有一個生性極為怪異的女巨人在與洛奇纏綿後，為洛奇生下三個非常可怕的孩子：一條蛇、一頭狼和一個古怪的女孩子。

由於洛奇留下了這樣一些稀奇古怪的孩子，亞薩園中隱約流傳著關於他們長大後會不利於亞薩神的預言。眾神認為，如果讓這三個最可怕的孩子在邪惡的巨人國肆意成長變大後，即將帶來難以控制的麻煩。能夠預知未來的眾神之主奧丁自然更加明白，這些留下的安全隱患會帶來怎樣的噩運。他派了兩個神勇強壯的亞薩神索爾和泰爾，到巨人國約頓海姆把這三個可怕的孩子帶到亞薩園來。

奧丁下達命令時，生性貪玩的洛奇又不在亞薩園裡，也不知在何處與女巨人鬼混或欺壓侏儒，正好方便了亞薩神的行動。索爾和泰爾來到約頓海姆，找到這三個小怪物，要直接拉他們走。

無奈的是，那條滑溜溜的蛇極力反抗，根本就抓不牢；那頭狼一個勁地對著索爾和泰爾咆哮，哪裡肯跟隨他們；那個一半血紅、一半靛藍的女孩子在旁邊冷眼旁觀一切。索爾和泰爾只得連哄帶騙：「不要害怕，是你們的父親洛奇想看你們了，我們正好路過將你們帶到亞薩園玩幾天。」兩位亞薩神費盡力氣，好不容易才將三個小怪物從巨人國帶到了亞薩園。

奧丁與眾神聚集在亞薩園的會議廳裡商量對策，以高高在上的姿態做出了處理的決定。眾亞薩神都非常討厭那條難看至極的蛇，他們一致決定把牠扔到亞薩園外最深的海洋裡去，就算淹不死牠，也可以讓深海的鯊魚吃了牠。

而那頭狼與蛇不同，剛生出來沒多久的牠像是一條供人玩賞的寵物小狗一般，看起來毛茸茸的很可愛。眾神有些不忍這樣直接殺死牠，便決定暫且權當牠是一條小狗，豢養起來供亞薩神賞玩。

而那個女孩卻透著很大的古怪，她的臉慘白無血，身上一半靛藍，一半鮮紅，時不時還會淌下鮮血。眾神決定遣送這個叫做赫爾的女孩到冰雪世界尼夫爾海姆旁邊建立的死亡之國去，負責管理人類中的死者。就這樣子，三個古怪的孩子都被「妥善」地處理好了。

然而，事與願違。被扔到深海的那條小蛇並沒有被淹死，也沒有被吃了，反而越長越大，最後竟然把人類居住的中間園圍繞起來。這條以血盆大口銜住自己尾巴的醜陋巨蛇被稱為中間園魔蛇，構成了對人類的最大威脅之一。

叫做赫爾的古怪女孩被遣送到死亡之國以後，長大後成為了死亡之國中的真正主人。赫爾在靠近泉水的地方修建起了有著巨大無比的石門和堅不可摧的圍牆的死亡之宮。因為疾病和衰老而死亡的人都進入這座宮殿，奉死亡之主赫爾為主人，為她服務。她的桌子稱為飢饉，她的餐刀稱為餓殍，她的僕人們稱為懶惰，赫爾逐漸變得聲名卓著。

豢養在亞薩園裡被稱為芬里斯的小狼，以異乎尋常的速度瘋長起來了，牠的個子很快就比奧丁的那匹八蹄神駿還要高大。芬里斯狼以這樣驚人速度成長，很快就變成了龐然大物，褪盡了牠童年時毛茸茸的那一點可愛，變得非常凶狠殘暴。他整日對著亞薩神嘶吼咆哮，血盆大口中獠牙淌著口水，閃閃發亮。漸漸的，眾神之中只有戰神泰爾還敢靠近芬里斯狼去餵食了。

為了防止芬里斯狼變成誰也無法控制的惡魔，眾神找來了一條粗大結實的鐵鏈，準備把牠牢牢拴住。眾神帶著鐵鏈騙芬里斯狼說：「芬里斯，不要誤會，我們想要用這條鏈子來試試你究竟有多大的力氣。」芬里斯狼不以為然地任由眾神把牠鎖了起來，纏繞了好幾圈。沒想到才剛剛鎖完，芬里斯狼嗥叫一聲，粗大的鐵鏈就被掙斷得四分五裂。

亞薩神們大吃一驚，頓感事態嚴重，已遠非當初所想的那麼簡單。他們決定立即分頭去尋找更堅固的鎖鏈。數日之後，亞薩神們帶著一條極為粗大結實的鐵鏈再次出現在芬里斯狼面前。

眾神哄騙芬里斯狼說：「你的確是一頭強壯有力的巨狼，如果你還能夠輕而易舉地掙斷這條天下最牢固的鎖鏈，那麼你將會名揚天下，成為狼族乃至全世界的大明星。」

芬里斯狼非常渴望成名，牠應允亞薩神們用鎖鏈將牠捆綁起來。為防止芬里斯狼又像上次一樣輕易掙脫，這一次，眾神用鐵鏈結結實實地把狼的四肢和軀幹都纏繞得密不透風。芬里斯狼發出恐怖的嗥叫聲，真是驚天地泣鬼神。牠用力掙扎，鐵鏈發出被繃緊的尖厲響聲，轟然繃裂。

鐵鏈的每一節居然都被掙斷，扭曲的鏈環飛濺了一地，彰顯著勝利者的喜悅。在第二次掙斷鐵鏈以後，芬里斯狼變得愈加凶殘強悍，牠瞪著血紅的雙眼，幾乎要將眾神吞入吃掉。

又一次失敗的眾神感到萬分憂慮，情況已經刻不容緩了，如果不盡早把這條可怕的惡狼牢牢捆綁起來，亞薩園的神祇們將時時刻刻都處在危險之中。眾神之主奧丁旋即派了聰明靈俐的侍從斯基尼爾前往侏儒國，求助於和亞薩神相交甚好的工匠辛德里和布洛克兄弟兩人。

斯基尼爾快馬加鞭地趕到了侏儒國，向辛德里兄弟說明來意。德里和布洛克表示非常樂意為亞薩神們排憂解難，隨即開始打造起對付芬里斯狼的武器來。斯基尼爾重任在肩，不敢鬆懈地坐在侏儒們低矮的洞穴裡耐心等候。辛德里兄弟在洞穴裡忙碌了很久，終於完工了。

他們交給斯基尼爾一條很細、很軟、很光滑的繩子，完全像是一條絲綢帶子。斯基尼爾懷疑地看著這條繩子，這樣的一條軟索實在讓人難以置信能夠綁住巨大凶惡的芬里斯狼。瞧見斯基尼爾疑惑的神情，向來少言寡語的辛德里遞上了一張捆綁索產品說明書。

構成成分：岩石中的樹根33％、貓的腳步聲28％、女人的鬍子24％、魚的肺14％、熊的腳腱3％、鳥的唾液2％。根據產品成分，此產品生產者保證可捆綁芬里斯狼八十七．八頭。

從這份產品說明書上可以顯示出，這條捆綁索是用世界上最不可思議的六種東西打造而成，因而它具備神奇功能。也正因為提供了製作原料，從此山上的岩石再不會長出樹根，貓沒有了腳步聲，女人沒有了鬍子，魚沒有了肺，熊沒有了腳腱，鳥沒有了唾液。

看了這張說明書的斯基尼爾對這條軟索信心十足，他非常誠摯地感謝了辛德里兄弟，滿意地帶著這條捆綁索飛回到了亞薩園。為保亞薩園平安，得到了這條軟索的亞薩神決定再冒險嘗試一次。為了防止誤傷，眾神特別謹慎地把芬里斯狼騙到了亞薩園角落的一個孤島上。他們恭維道：「這個世界沒有比你更加強壯有力的生靈了，你的聲譽已經傳遍了九個世界，真是了不起的芬里斯狼啊！那麼，假若想請你幫我們試試這條軟索到底有多結實，你是不會不給面子地拒絕吧？」

芬里斯狼明顯知道這些折騰了好幾番的亞薩神們想用花言巧語來制服牠，但是高傲的芬里斯狼真的對他們手中如此柔軟光亮的繩子不屑一顧。同時牠也有些好奇為什麼這條繩子反而看起來沒之前的幾根結實呢？狂妄的芬里斯狼難以遏制想嘗試一下的心情，也順便可以顯示一下實力，宣揚出更大的名聲。

「好吧！我可以幫你們試一下這條軟索有多結實。」眾神們高興地一擁而上。「哎，慢著！」芬里斯狼擋住伸過來的手道，「為了保證各位有名的亞薩神不在我被捆綁的時候算計我，你們當中必須有一位將手臂放入我口中，這樣我才能放心。」

望著芬里斯狼的血盆大口，眾神面面相覷，誰也不願意承擔這個風險。長時間的沉默以後，亞薩神中最勇敢無畏的泰爾從密密麻麻的人群後面走出來，大義凜然地將他的右手放進了芬里斯狼的口中。躊躇著的眾神立刻蜂擁而上，用軟索把惡狼捆綁起來，並將繩索的一頭牢牢地拴在了一塊千年巨岩上。

等到眾神動作完畢，芬里斯狼開始用力掙扎，牠瞪著血紅的眼睛，惡狠狠地咆哮著。而這條用六種古怪原材料製成的軟索開始發揮起神奇的威力，牠緊緊地貼在芬里斯狼的皮毛上，芬里斯狼掙扎的力氣越大，軟索也就把牠纏得越難以掙脫。芬里斯狼狠狠地撕咬著泰爾的手臂，發出了絕望的嗥叫聲。最後，狂暴的芬里斯狼被死死地捆成一團，動彈不得。

亞薩眾神發出了勝利的呼聲，大家都為這一次成功制服惡狼而感到高興，個個眉開眼笑。除了欲哭不能的戰神泰爾，他為這次成功付出了慘痛的代價，右手葬身巨狼腹中。從此以後，泰爾只剩下了一隻手臂，也因此時常被稱為「單手神」了。

而自此以後，芬里斯狼一直被綁在亞薩園一角的孤島上，直到雷加魯克的降臨。雖然這期間，亞薩園的空中不時傳來芬里斯狼的幾聲嗥叫，但是眾神再也不為牠感到憂慮害怕了。

然而後來，在光明之神巴爾德爾死後，亞薩眾神被註定的命運——世界的末日雷加魯克不久就降臨了。在宇宙中，最先降臨的是三個寒冷漫長的冬季。各界都爆發了可怕的戰爭，到處都充斥著暴力和一片狼籍的混亂。這三個冬季過後，又是三個更黑暗、更漫長的嚴冬，稱為芬布林之冬。在那時，所有形容世界的美好詞彙都不再適合。太陽和她的兒子月亮在芬布林之冬中顯得黯淡而疲憊，最終被追逐他們的惡狼吞吃了，整個世界落入了無盡的黑暗與寒冷。

大地發生了強烈的震盪，所有鎖住惡魔的繩索都崩裂了，大群被亞薩神們制服的惡魔都逃了出來，這其中就包括惡魔洛奇和他的兒子芬里斯狼。大海也掀起了洶湧的波浪，海水不斷上漲，淹沒了陸地、河流、湖泊、山脈、高原，整個世界變成了一片汪洋大海，吞噬了無數生命。

這個時候，魔蛇出現了，他原本深藏於海底的中間園，現在順著洪水沖上了大地，滔天的惡浪中，一條用死亡之主赫爾提供的死人指甲做成的船出現了，船上坐滿了巨人中最邪惡的魔鬼。

所有的惡魔都漸漸聚集起來了，他們組成了惡魔的隊伍，向亞薩園中的廣大平原行進。巨大的芬里斯狼走在最前面。牠的眼睛和鼻孔中噴射出藍色的火焰，牠張開著血盆大口，上顎頂住了天空，下顎抵住了大地，他吞噬掉了太陽，甚至意欲把所有的神祇都吞入肚中。緊緊跟隨芬里斯狼的是中間園魔蛇，巨蛇扭動著龐大無比的身軀，與芬里斯狼一同飛速前進。牠黏著血絲的紅信子一吐一縮，不斷地噴散出毒霧，把整個天地燻得惡瘴重重。

當以芬里斯狼為首的魔鬼大軍踏破彩虹橋的時候，眾神之主奧丁手持雪亮鋒利的無敵長矛，身穿堅不可摧的鎖子鎧甲，騎著八蹄神駿斯雷普尼爾，奔馳在最前方。他帶領著眾亞薩神和瓦爾哈爾宮的死亡戰士，組成氣吞山河的浩蕩隊伍迎接戰鬥。他頭上戴著的黃金頭盔發出了萬丈光芒，猶如黑暗中的太陽，指引著眾亞薩神和死亡戰士們走上決戰之路。

力量之神索爾緊緊跟隨在奧丁的身旁，他站立在兩隻力大無窮的山羊拖曳的戰車上，身繫力量之帶，戴著鐵手套，雙手高舉著神錘密爾納，憤怒的雙目放射出灼人的火焰。亞薩園王子弗雷、獨手戰神泰爾、守衛神希爾達姆併騎奔馳在奧丁和索爾之後。奧丁所有的兒子也都武裝起來，跟隨在他們之後。以弗蕾亞和絲卡蒂為首的女神們，也參加了決戰的行列。在亞薩神後面，則是無數瓦爾哈爾宮的死亡戰士，排列成巨大的戰陣，猶如洶湧的波浪衝向戰場。

在亞薩園中的巨大平原上，正義之師與魔軍的戰鬥打響了。一馬當先的奧丁對抗上了萬惡之首芬里斯狼，一旁的索爾則和中間園魔蛇展開了激戰。眾亞薩神奮勇向前，與魔頭們激烈地打鬥起來。而正義之師中的死亡戰士們和魔軍中無數邪惡的巨人混戰在一起。

奧丁與芬里斯狼的戰鬥最為激烈。奧丁用長矛奮勇地向龐大凶惡、力大無窮的芬里斯狼刺過去。激烈的戰鬥持續了很久很久，渾身被長矛刺得傷痕累累的芬里斯狼突然魔性大發，張開牠的血盆大口將精疲力盡的奧丁一口吞了下去。眾神之主、九個世界的統治者奧丁，就這樣喪失了性命。

奧丁的兒子、亞薩神中的大力士維達爾，看見父親被芬里斯狼吞吃了，立刻上前繼續與芬里斯狼惡鬥。維達爾趁著芬里斯狼張開巨口的時候，用萬年玄鐵鑄就的鐵鞋踏住狼的下顎，再用雙手托住其上顎，用力向上頂去。惡狼的血盆大口被維達爾生生撕開，變成了兩半，倒地死去。

力量之神索爾和中間園魔蛇的戰鬥同樣非常激烈。索爾揮舞著神錘密爾納，與龐大的魔蛇戰鬥了無數回合。在漫長的戰鬥中，索爾不顧巨蛇持續放出的毒霧和毒液，靠近魔蛇從近處擊打牠。龐大的中間園魔蛇多處受傷，卻仍用惡齒不斷反撲。最後，索爾大喝一聲，用盡全身力氣一錘擊向巨蛇腦部，終於腦漿迸射，魔蛇轟然倒地。但是，力量之神索爾因為在長時間的戰鬥中吸入了過多的毒氣，也站不住腳跟倒退了幾步後，倒地身亡。

被稱為「洛奇的敵人」的希爾達姆，也在與洛奇多個回合的搏鬥以後，雙雙精疲力盡而倒地死去，同歸於盡。

以必死之心與邪惡力量戰鬥的亞薩眾神，陸陸續續地和敵人同歸於盡了。火焰巨人蘇特魔心大發，全身都發射出火焰，點燃了神國亞薩園，點燃了人類的大地，也點燃了宇宙樹尤加特拉希。整個宇宙都落入一片火海之中，所有的九個世界都在火海中遭到毀滅。很長時間以後，大風從四面八方颳起來，漸漸吹熄了這毀滅世界的大火。整個世界滿目蒼痍，一片焦土和廢墟。但是，總有生靈倖存著，沒有被滅絕。整個宇宙在劫難以後，又逐漸開始呈現出了生機。

小知識：

巨狼芬里斯（Fenrir），北歐神話中的怪物之一，是亞薩園中的洛奇與巨人國中一名生性極為怪異的女巨人生下的孩子，與牠共同出生的還有一條蛇和一個古怪的女孩子。芬里斯在阿薩加德被養大，但是後來被諸神的鎖鏈困住。直到最後「諸神的黃昏」時才逃了出來，並吞食了奧丁，然後牠轉而張口向奧丁的兒子——維達爾。但維達爾一足抵住了芬里斯的下顎，又用兩手撐住了牠的上顎，惡鬥之後，終於將芬里斯撕為兩半。

復仇之不可逆轉的命運

奧丁和弗麗嘉的長子巴爾德爾是亞薩神的王子，他不僅高大健美，堪稱最英俊的亞薩神，而且聰明友善，性情溫良也是為眾神所稱道的。因為巴爾德爾是司光明的神祇，所以本身面容俊秀高貴，體態均勻優美的他全身還放射出一種無比美麗的光芒，以致於亞薩園中所有的神祇都非常熱愛巴爾德爾，心甘情願把最好的美酒和最美的讚頌都奉獻給他。

眾神之主奧丁和他的妻子弗麗嘉也十分鍾愛巴爾德爾，無時無刻不在牽掛著這個備受眾神讚賞的兒子。巴爾德爾在亞薩園中有一座富麗堂皇的宮殿，裡面的裝飾全是最珍貴的寶物。巴爾德爾還娶了美麗絕倫的納娜做為妻子，在亞薩園中過著幸福而快樂的日子。這樣完美無缺的人生怕是做夢也笑的出來。但是，不知從何時開始，巴爾德爾接連幾個夜晚的睡夢中充滿不祥之兆，每每驚醒心有餘悸。巴爾德爾為此感到非常憂慮，逐漸變得精神不振，失去了往日光明之神的神采。

母親弗麗嘉很快就知道了此事，進而曉諭了眾神，聚集在奧丁的宏大宮殿裡召開會議，共同商討這一嚴重的事態。亞薩神們感到十分不安，眾神之主奧丁甚至為此從內室請出了智慧巨人密密爾的腦袋。在會議上，具有智慧和神力的眾神們經過討論後，包括能夠預見未來的奧丁、弗麗嘉和密密爾的腦袋，全部都無法完全破解巴爾德爾之夢的含意，但有一點是無可置疑的，大家一致認為這些惡夢預示著巴爾德爾在不久之後即有性命之憂。

眾神之主奧丁為此感到惶恐不安，思忖再三後，他親自騎上八蹄神駿，快馬加鞭地前往由死亡的主人赫爾所統治的死亡之國，想向赫爾具體地瞭解威脅巴爾德爾生命的來源，進而解救巴爾德爾。當奧丁策馬到達死亡之國之時，他找到赫爾宮殿的東大門，唸動起了盧尼文字的咒語，具有神力的盧尼文字很快將死亡之主赫爾召了出來。半身靛藍，半身鮮豔的赫爾滿面流淌著鮮血，緩緩現身在奧丁面前。

奧丁趕忙詢問赫爾：「我的兒子巴爾德爾最近一直惡夢不斷，亞薩眾神一致認為性命堪憂，請給予我指示。」赫爾肯定了巴爾德爾的確會有憂患。奧丁心一下子就沉落了谷底，擔憂的事情變成了事實，這真是不幸。他焦急地追問道：「究竟是誰想害我奧丁的兒子？」赫爾對奧丁說：「巴爾德爾將受害於他的一個兄弟，而後巴爾德爾的兄弟又將很快地為他復仇。」「什麼意思？請你說清楚詳細一點！」奧丁竭力想要瞭解得更清楚，只是事關宇宙間最大的一個事件，冥冥之中自有天意安排，赫爾無法把更多更具體的預言告訴奧丁，因此她在回答奧丁的問題時閃爍其辭，始終不肯給予明確的答案。問不出所以然的奧丁，只得悶悶不樂地回到了亞薩園中。早已等候在宮殿中的弗麗嘉，一見到奧丁立即上前詢問此行情況，在得知死亡之主赫爾肯定了巴爾德爾將遭受災難的消息以後，她更為焦慮不安。為了保護愛子巴爾德爾不受絲毫傷害，眾神之后弗麗嘉第一次使用了深藏不露的巨大力量。她親自走遍了各個世界，拜訪了所有地方的統治者和神明，請求他們幫助下達消息。由於弗麗嘉的崇高威望，天地萬物無論是大地天空還是江河湖海，風暴還是冰雪，飛禽還是走獸，金屬還是樹木；自然界的一切物質都向弗麗嘉鄭重立下了誓言，保證永不傷害巴爾德爾。就這樣，巴爾德爾成了一個萬物不能侵害的亞薩神，性命憂患自然也不刃而解了。

知道了這一消息的亞薩眾神都感到欣喜萬分，紛紛前來向巴爾德爾祝賀。膽大的亞薩神嘗試著往巴爾德爾那萬物不能侵害的身體上投擲各種東西，木條、石塊、利器等。結果，果真如同世間萬物所保證的那樣，任何東西都絲毫不能夠傷害巴爾德爾，他安然無恙。親眼所見的亞薩神們興奮得手舞足蹈，竟然逐漸熱衷於這一不可思議的現象起來了。

此後，當亞薩眾神聚集在一起的時候，經常以向巴爾德爾投擲各種東西取樂，並且把它當成對巴爾德爾表達尊敬的一種方式。亞薩神通常把巴爾德爾圍在中間，有用箭射他的、有用利刃刺他的、有用石頭擲他的、有用錘子擊他的，各式各樣的都有。因為永無受傷的可能，性情無比溫良的巴爾德爾也不介意讓眾神以此取樂。

就這樣，所有的亞薩神都以為巴爾德爾消除了惡夢所預示的性命憂患，更何況這不傷之身還為眾神增添了如此樂趣，大家由衷地高興，亞薩園中又開始歡聲笑語了。當然，除了日益顯露出其惡魔本性的巨人之子洛奇例外。也正是他，害巴爾德爾最終還是無法逃脫這個不可逆轉的死亡命運，使亞薩眾神的努力付之一炬。

洛奇的行為得歸咎於他的三個孩子。自從亞薩園的眾神想盡各種方法成功地處置了洛奇的三個非常可怕的孩子，一條蛇、一頭狼和一個古怪的女孩子後，洛奇便對眾神產生了強烈的憤怒以及怨恨之情。他那惡魔的本性註定將在亞薩神的最後命運中與眾神為敵，而此時也開始不斷地顯露出來。在眾神將牢牢綁住的芬里斯狼棄置在亞薩園一角的孤島，任憑牠在孤島終日哀嚎後，眾神前往大海的主人安吉爾家中，參加一年一度的被稱為「冬天的歡宴」的聚會。

那一日，除了力量之神索爾仍忙碌於在東邊打擊巨人外，其他所有的亞薩神都來到了安吉爾家中，當然也包括情緒十分惡劣的洛奇。在九個女兒的幫助下，安吉爾早就在索爾之前，從巨人休彌爾處奪來的巨鍋中釀造了無數的美酒，以提供給亞薩園眾神們開懷暢飲。安吉爾安排了兩個僕人專門服務於眾神的歡宴，他們非常得體地侍奉上各種金銀的器皿、美酒、佳餚，博得了眾神的交口稱讚。憋了一肚子氣的洛奇聽到眾神都在誇獎這兩個聰慧貼心的僕人，便有意與眾神為敵，突然拔劍殺掉了其中的一個僕人。洛奇的這一舉動使眾神感到非常難堪和憤怒，他們紛紛起身操起長矛，用雪亮鋒利的矛尖逼退著洛奇，將他趕出了宴會廳。

沒過一會兒，厚顏無恥的洛奇又進來了。眾神已稍微平復了一點怒氣，加上眾神之主奧丁似乎還挺護著這位舊日的結義兄弟，大家便同意讓洛奇重新坐下喝酒。不料，眾神剛同意洛奇坐下後，他竟一屁股坐在中間，馬上開始用極其難聽的語句責罵在座各位。首先，洛奇把矛頭對準了剛才曾向眾神提議拒絕讓洛奇再次進入宴會廳喝酒的詩神布拉基。洛奇無情地攻擊溫文爾雅的詩神布拉基：「與所有坐在這裡的神祇相比，你射箭羽最為懦弱，在所有戰鬥中都落後，哪裡配得上稱為亞薩神。」布拉基回應道：「如果現在我在外面，而不是坐在安吉爾家的宴會廳裡，我的手臂會毫不猶豫地擰斷你的頸脖，讓沒有盡頭的痛苦來回答你這無恥的誹謗。」洛奇惡狠狠地反駁道：「布拉基，你這無用的飾物，是個語言的巨人，行動的矮子罷了；如果你憤怒，無所畏懼地出去決鬥一個英雄給我瞧瞧啊！別只會在這裡放空炮。」

聽罷，布拉基的妻子伊敦等都紛紛為布拉基辯護，氣憤地指責洛奇。洛奇居然發了瘋似得不顧一切地對所有的亞薩神都惡言相向。洛奇憑藉著在亞薩園的老資格，以及愛四處遊玩打聽八卦的秉性，將聲名顯赫的眾神的隱私歷歷數落，在大庭廣眾之下全給抖了出來。他口無遮攔地攻擊了眾神之主奧丁的女人腔和不公正，尼爾德和弗雷在華納海姆時的亂倫關係，所有女神們包括眾神之后弗麗嘉在內非常放蕩和濫愛的私生活。這一下，洛奇顯然是徹底豁出去，瘋狂而無所顧忌了。當力量之神索爾從東邊巨人國回來，匆匆趕到安吉爾家中時，見到這副場景，想要上前打洛奇。沒想到，洛奇一看見索爾，也不怕威脅被神錘打爛嘴巴，竟敢同樣攻擊索爾在遇到龐然大物的巨人時，躲在巨人的手套裡瑟瑟發抖。

最後，顯然是以一敵眾的洛奇自覺無趣，閉上了他那胡說八道的嘴巴。那一年，安吉爾家中的眾神的「冬天的歡宴」因此陷入相當尷尬的境地，最終不歡而散。從此以後，進一步瞭解了洛奇醜惡本性的眾神，顯然都把他當成了異類。就這樣，洛奇在亞薩園中被徹底孤立了，再也沒有人願意理睬他，大家紛紛對他投以鄙夷眼神。

一日，當眾神又聚集在一起向巴爾德爾投擲各種東西取樂，並把這種行為當成對巴爾德爾表達尊敬的一種方式。遭到眾神徹底冷落的洛奇看在眼裡，感到無比惆悵與憤恨。於是心胸狹窄的洛奇，決定蓄意要與亞薩眾神正式為敵了。

洛奇將自己裝扮成了相當和善的婦人模樣，來到了弗麗嘉的宮殿。婦人假裝無知地問弗麗嘉：「尊敬的弗麗嘉女神啊！那些亞薩神們為什麼能向巴爾德爾投擲各種東西，卻絲毫傷害不了他呢？老婦我可看得心驚肉跳啊！」弗麗嘉則耐心地向婦人解釋了事情的來龍去脈：「自然界的一切物質都已經向我保證了永不傷害巴爾德爾，他已經成為了一個萬物不能侵害的亞薩神。」婦人假裝出一副非常驚訝的樣子，繼而表情擔憂：「唉，這些調皮搗蛋的小鬼可不要無意傷害到巴爾德爾王子啊！有什麼東西能傷害到他嗎？我得去防範，看著點啊！」弗麗嘉毫無防備地回答道：「是哦，在瓦爾哈爾宮西邊有一種被稱為槲寄生的小灌木，因為還非常幼小，所以並沒有起誓。」這正是裝扮成婦人的洛奇所需要得到的資訊。興高采烈的洛奇強壓內心的喜悅，平靜地告別弗麗嘉。離開弗麗嘉的宮殿之後，洛奇立刻來到瓦爾哈爾宮的西邊，尋找找到了所謂的槲寄生。他拔起了一棵小灌木，用它做成了一枝堅硬的木箭。等到眾神又一次聚集在一起將巴爾德爾圍在中間，向他射箭和丟石頭的時候，洛奇帶著這枝槲寄生製成的木箭來到了這裡。

洛奇環顧四周，看到巴爾德爾的盲眼兄弟霍德爾遠遠地站在一邊，便心生一計。洛奇走上前去，對霍德爾說：「你為什麼不與眾神一同參與這樣有趣的遊戲呢？」霍德爾回應說：「我既是盲目之人，自然也看不見巴爾德爾在哪裡，再說我手中也空無一物，怎麼可能參加這投擲之遊戲。」於是，洛奇就假惺惺地對老實的霍德爾說：「你一定得體會一番樂趣啊！來，我誠摯地邀請你幫助我參加這既有趣，又能表達對巴爾德爾尊敬的遊戲。」說完，洛奇為霍德爾把好方向，將槲寄生木箭搭上了硬弓，向巴爾德爾一箭射去。正在嬉鬧中的眾神完全沒注意到這向巴爾德爾射來的一箭。結果，這枝用槲寄生製成的木箭貫胸射穿了巴爾德爾的身體。

亞薩園中最受眾神歡迎的王子巴爾德爾當眾倒地身亡，眾神都被這一突然的變故驚嚇得目瞪口呆，隨即陷入了無限的悲傷和痛苦之中。每個亞薩神都默默無言地對望著，眼神中滿是彼此沉痛的心情，他們悲痛得連嗓子也發不出了聲音。壯麗廣大的亞薩園頓時陷於一片肅穆之中，無數烏鴉從亞薩園撲騰飛出，向九個世界宣告這不幸的噩耗。巴爾德爾的死亡，是一種不可逆轉的命運，是已成為惡魔的洛奇蓄意謀害的結果，也是亞薩園的重大損失。

小知識：

布拉基（Bragi），在亞薩神中被稱為詩神，一說為智慧、詩詞、雄辯之神，是奧丁的兒子。他經常作詩頌揚偉大的人物和勇士。其妻伊敦也是阿斯加爾德的一位女神。她有一個寶盒，盒內存放著青春的金蘋果。眾神到了老年，只要嚐一嚐金蘋果，便可以返老還童。在斯堪地納維亞的祭祀筵席上，賓客們常用奉獻給詩神布拉吉的牛角做為酒杯，開懷暢飲。他發誓要建立功勳，在詩篇中永垂不朽。

無法挽回的生命

亞薩園中最受眾神歡迎的王子巴爾德爾死亡以後，眾神都長久地陷入悲傷沉痛中無法自拔。巨大的悲傷之餘，眾神之后弗麗嘉在偉大的慈母之心驅使之下，決意要堅強勇敢地把巴爾德爾從死神手中奪回來。

等到眾神情緒稍稍穩定之後，弗麗嘉便把大家召集在一起，商議奪回巴爾德爾之事。弗麗嘉想在眾神中徵求一位仁義之士前往死亡之國，以贈與亞薩園最珍貴的寶物為條件，與死亡之主赫爾協商，請求能夠讓巴爾德爾生還亞薩園。未等亞薩眾神開口，奧丁的兒子之一赫爾莫德便毛遂自薦，表示願意前往赫爾的死亡之國奪回兄弟的性命。奧丁和弗麗嘉都讚揚赫爾莫德的忠誠勇敢，還將神馬斯雷普尼爾賜予赫爾莫德為坐騎，以幫助他盡快到達死亡國。領命的赫爾莫德備好行李後，立即日夜兼程趕往死亡之國。

赫爾莫德出發以後，眾神開始著手準備處理巴爾德爾的屍體，每日虔誠地祈禱他能早日從死亡之國生還亞薩園。幾日後，亞薩園眾神為巴爾德爾舉行了一場盛大的火葬儀式。首先，亞薩神為巴爾德爾準備了一艘巨大的船隻，清理得乾乾淨淨，並將它從頭至尾全部用奇珍異寶裝飾起來，擱置在亞薩園的岸邊上。然後，亞薩神為巴爾德爾沐浴淨身後，換上了一整套華麗的服飾，將他平穩地放置在船上。最後，就是等待將裝載著巴爾德爾的船隻推向水中，點燃焚燒。奇怪的是，當儀式正式開始時，所有的亞薩神包括力量之神索爾一起用力，都無法推動這艘巨船下水，它非常不給面子地紋絲未動。

眾神之主奧丁只得派遣僕人，從巨人國請來了一位慣於推船下水的女巨人。沒多久，這位面目猙獰的女巨人騎著一頭凶惡的巨狼來到岸邊，她只伸出一根手指，輕輕觸碰了一下巨大的火葬船，它便轟然下水了。在這個耀武揚威的女巨人不屑一顧的舉動下，巨船在入水的過程中顛簸得十分劇烈，巴爾德爾遺體上的飾物都被顛簸了一些出來，還震得使整個大地都為之撼動了。這令一旁的力量之神索爾感到非常憤怒，舉起神錘意欲擊斃這個可惡的女巨人。其他的亞薩神即時勸阻：「今日殺人見紅會令巴爾德爾無法安眠的。」幸虧勸阻理由妥當實在，索爾才緩緩放下了神錘。

奧丁的兒子巴爾德爾不僅受到亞薩園眾神的衷心愛戴，而且在其他幾個世界中也享有崇高的聲望。因此，除了所有的亞薩神之外，還有許多成名的精靈、巨人、侏儒不遠千里地前來參加巴爾德爾的葬禮，悼念巴爾德爾的死亡。眾神之主奧丁肅穆地站在沉寂的神祇、精靈、巨人、侏儒中間，注視著這標誌亞薩園惡運開端的葬禮。

巨船下水以後，眾神在船上點起了火，他們用這種世界上最無情的東西葬送他們心中愛戴的王子巴爾德爾。火焰瞬間吞噬掉巴爾德爾那偉岸的軀體，他的妻子納娜女神在岸上哭得肝腸寸斷。無比強烈的悲痛襲來，竟使她遽然倒地而亡。在巨大的悲傷之中，亞薩神把他們尊敬的納娜女神也放置在船上，讓妻子納娜與丈夫巴爾德爾同行。

看著這令人心碎的一幕，性情豪邁的力量之神索爾無法抑制內心的痛苦，他飛起一腳竟將身邊的一個侏儒踢到了熊熊燃燒的巨船上。沉痛的奧丁默默地將侏儒伊凡爾第的兒子們送給他的寶物，那每隔九個晚上就能生出另外八只的金手鐲放置到了船上，聊以伴送他心愛的兒子一程。

赫爾莫德騎著神駿斯雷普尼爾日夜兼程地奔馳了九天九夜，終於看到了不遠處冥河上那金光閃閃的冥橋。在冥橋對岸，赫爾莫德遇到了冥國的守衛者——死亡使者。在赫爾莫德表明來意後，死亡使者告訴他，在他守衛冥橋的這一天中，總共有五批死者跨過冥橋，進入了赫爾的死亡宮殿。這五批死者中，有一位恰恰就是亞薩園的神祇巴爾德爾，相信他直接可以進入死亡宮殿尋找，而不必在此等候了。赫爾莫德謝過熱心的死亡使者，驅馬進入死亡宮殿之中。

在死亡宮殿裡，赫爾莫德沒多久就打聽到了巴爾德爾王子和他的妻子納娜的住所。因為，死亡之主赫爾另眼看待他們倆，將他們安置在了一個豪華舒適的房子裡。赫爾莫德很快就找到了巴爾德爾王子的住所。巴爾德爾看到兄弟赫爾莫德的到來，驚喜萬分，他拉著赫爾莫德的手，眼淚直淌半晌說不出話來。赫爾莫德先開口向巴爾德爾敘了一番離別之情，告訴他整個亞薩園因為他的去世而悲痛欲絕，此番前來就是為了能夠換回他的生命，讓他重返亞薩園。解釋完一切的赫爾莫德不容片刻耽擱，立即前往赫爾署事的大殿裡，代表眾神之主奧丁要求拜見死亡之主赫爾。半身靛藍半身鮮豔的赫爾緩緩現身。赫爾莫德趕緊請求道：「我代表亞薩園的全體亞薩神，請求您能夠讓巴爾德爾王子生還。」赫爾理然一口回絕了赫爾莫德：「自古人死不能復生，我怎可為巴爾德爾開這個先河。」赫爾莫德並不放棄，他一直潸然淚下地敘述著亞薩園中一片悲慘的景象，眾亞薩神都在為巴爾德爾的去世而痛哭流涕。終於，赫爾被打動了，她同意讓巴爾德爾王子生還亞薩園。破涕為笑的赫爾莫德馬上贈予赫爾亞薩園最珍貴的寶物，迫不及待地轉身，想跑去巴爾德爾回亞薩園。「慢著！」赫爾攔住了赫爾莫德，「我不要這所謂的寶物，我提個條件：如果所有九個世界的一切生靈都為巴爾德爾哭泣，我就可以讓巴爾德爾生還亞薩園；而如果有任何一種生靈不願為巴爾德爾的死亡而哭泣的話，我就要將巴爾德爾留在這萬劫不復的死亡之國中。」

赫爾莫德記著赫爾的條件，準備趕緊起身回亞薩園覆命。當然，赫爾莫德沒忘記向巴爾德爾和納娜告別，交代他們耐心等待，靜候佳音。這一次，巴爾德爾拿出了那隻神奇的金手鐲，讓赫爾莫德帶給奧丁，做為他們已經見面的信物；納娜拿出一塊手絹和其他一些小禮物，讓赫爾莫德帶給弗麗嘉，做為他們已經見面的信物。

赫爾莫德快馬加鞭趕回亞薩園後，向眾神描述了他在死亡之國的所見所聞，最重要的是，轉達了赫爾的條件。眾神討論以後，立即向九個世界的各個地方都派出了使者，通知一切生靈務必為了巴爾德爾能夠生還而悲傷哭泣。由於亞薩神的崇高威望，特別是巴爾德爾這位深受天地萬物愛戴的神祇的影響力，天地之間的一切生靈，不僅神祇、精靈、人類、巨人、侏儒，連泥土、石頭、樹木、金屬在心甘情願地為巴爾德爾流淚哭泣。整個天地之間，猶如經歷了一場持續許久的暴雨，到處都是濕潤流淌的淚水。

之前，本性畢露的洛奇在卑鄙地謀害了巴爾德爾以後，趁眾神沉浸在極度驚愕的時候逃出了亞薩園，躲藏了起來。當他聽說赫爾莫德帶回了可以救巴爾德爾王子的方法，而世界萬物都如亞薩神所願在為巴爾德爾哭泣的時候，不由怒火中燒，絕對不能讓之前的努力白費。洛奇絞盡腦汁想出了一個辦法，意欲惡毒地破壞巴爾德爾王子的歸來之路。他裝扮成一個蒼老的女巨人模樣，坐在亞薩神派出的使者的必經道路上等待。

當亞薩園的使者們完成任務，高興地返回亞薩園。路途中，他們看到實際上是由洛奇裝扮的女巨人坐在路邊，便上前請她也為巴爾德爾的生還而哭泣。不料，這個醜惡的老婦開口說道：「我的眼淚早已乾枯，豈能再流給巴爾德爾；無論是死是活，我從不曾得到過他的好處，就讓赫爾把他留在那裡吧！」正因為這個由洛奇裝扮成的蒼老女巨人拒絕哭泣，天地之間存在了任何一種生靈不願為巴爾德爾的死亡而哭泣，巴爾德爾再也無法生還亞薩園了，他只能留在黑暗陰冷的死亡之國中，歷經萬劫而不復為神。嗚呼悲哉！亞薩神的努力功虧一簣，付之一炬。

小知識：

赫爾莫德（Hermod），是奧丁的兒子，善飛行，因此成為奧丁的特別侍從，專事跑腿的工作。他是諸神的使者，職責管眾神送信的事。平時他出門送信時則帶一杖，名為加姆班泰因，做為他的職務的標記。他雖是文職的「行官」，可是也喜歡戰爭，常常和瓦爾基麗們到戰場上揀選戰死的勇士帶到瓦爾哈拉宮中。奧丁的無敵之矛岡格尼爾常由他帶著，他也是除奧丁之外，唯一能駕馭那八足天馬史萊普尼爾的神。遇到打仗的時候，他就穿戴起奧丁賜予的盔甲。

天網恢恢，疏而不漏

當得知巴爾德爾再也無法生還亞薩園了，他只能留在黑暗陰冷的死亡之國中，歷經萬劫而不復為神的消息後，亞薩眾神都無比地沉痛。亞薩園中終日有神祇在哭泣悼念亡靈。這種瀰漫在整個亞薩園上空的悲傷之情，很快就凝結成了巨大的力量，轉而被一種激憤和暴怒之情所取代。亞薩神每日都聚集在一起，商討著如何將謀害巴爾德爾的元凶洛奇抓來嚴懲不貸。這個抓捕行為集結了所有的亞薩神，它凝聚起來的力量著實大得驚人。

幹盡這麼多壞事的洛奇自知罪孽深重，此次行為更是成為眾矢之的。普天之下，哪還會有人願意幫助他。他逃跑到一個相當偏僻遙遠的地方，小心翼翼地躲藏了起來。在藏身之處的山崖中，洛奇找到了一塊位置良好的巨石。他日夜趕工，用它精心打造了一座四面有門的石頭房子。這樣，一旦出現危險，洛奇就能隨時隨地往四個方向逃命，存活的機會大些。而且，蝸居在石頭房子裡尚且能夠舒展四肢休憩一下；出了石頭房子，洛奇就得立即把自己變成一條鮭魚，躲在附近一個水流大、水聲響的瀑布之下。害怕被抓住的洛奇即使是變成魚，也會時刻揣度眾神會用何種方法捕捉他。他時時刻刻警惕地眼觀四路、耳聽八方，防備著任何風吹草動。停留在岸上的時候，洛奇通常會坐在一堆火面前，把許多絲線按一定規律的手法編織起來，藉以消磨無聊時光。自此，世界上出現了捕魚用的網。

為了最快找尋到洛奇這個罪魁禍首，眾神之主奧丁登上了神奇的御座，極目向九個世界的各個角落觀察搜索。奧丁的獨目每日都掃過高山叢林、鳥獸蟲魚，渴望找尋到蛛絲馬跡。皇天不負有心人，奧丁終於在洛奇藏身的瀑布附近發現了他的蹤跡。

發現了洛奇藏身之處後，眾神立即整裝齊備，浩浩蕩蕩地出發前去捉拿這個眾矢之的。整個亞薩神的隊伍是如此的浩蕩，驚天動地。當眾神團結一致地逼近洛奇住處的時候，他正如往常一樣在火堆邊編織漁網。天生敏銳的洛奇發現四周情況有異動，知道心中演練了上萬遍的危險即將降臨了。倉促之中，他將漁網往火堆上一扔，立即變成了鮭魚，躍入住處旁的河水中躲藏起來。眾亞薩神到達洛奇四面有門的石頭房子後，發現裡面空無一人，想必他已逃之夭夭。有些沮喪不甘心的眾神仔細觀察房子四周的情況，生怕漏掉一點線索。一個聰明的亞薩神從洛奇剛扔在火中燃燒了一半的漁網，推斷出洛奇可能離開不久。這裡方圓幾里地早已被亞薩神包圍得水洩不通，洛奇插翅也難逃，肯定沒跑遠，所以他極有可能就躲藏在這附近的水中。這位亞薩神提議眾神以火中漁網的樣子一同來編織一張巨網，下水捕撈洛奇。

在眾神齊心協力的努力之下，巨網很快就編織好了，大家一起把它撒到了河中。力量之神索爾拉住巨網的一端，其他亞薩神拉住另一端，眾神一同沿著河流往下游方向兜去。變成鮭魚的洛奇就躲藏在河中，他等了半天也不見亞薩神離開，依稀聽到岸邊還有悉悉索索的腳步聲，不由有些納悶。這時，洛奇看見一張巨網兜來，反應過來這是亞薩神來捕捉他了，嚇得立即游到了漁網的前面。可是，洛奇游一公尺，巨網跟一公尺，一直緊追不捨，這樣追逐下去也不是辦法。在游到河底的兩塊石頭中間時，洛奇眼前一亮，狡猾地躲在了中間的縫隙裡。這樣，巨網兜過來時便從洛奇的頭上掠了過去。但是，洛奇沒能如願以償。大智大勇的亞薩神們在這一瞬間察覺到有活物漏過了網底，馬上重新跑回上游，再次撒網捕捉。

這一次，眾神在巨網下面掛墜上了許多重物，使得巨網能夠緊貼河底。果然，洛奇沒辦法再像剛才那樣躲在夾縫中逃避過去了，他只能被巨網驅趕著往下游快速游去。這樣的追逐持續了一段時間後，洛奇就被逼到了入海口。眼看就要落入大海，性命攸關，洛奇從水中一躍而起，從巨網上面躍跳了過去，奮力向上游游去。當然，他的身形瞬間完全暴露在眾亞薩神的眼中了。眾神怒吼著，有的操起手邊之物砸向洛奇，有的快速撲上前去捕捉。可惜的是，洛奇溜得飛快，轉眼就消失在上游了。

亞薩神不洩氣地第三次跑回上游，自上而下用巨網捕捉洛奇。為了不讓他再次逃脫，眾神變換隊形，改由索爾緊跟巨網涉水走在河中，其他眾神則分成兩隊，分別扯住網的兩端。這樣，當眾神再次將洛奇趕到入海口，洛奇又一次躍出水面意欲跳過網游回上游的時候，早等候在巨網後方的索爾眼疾手快，一把抓住了這條鮭魚。鮭魚之縱，其勢也猛，牠憑藉滑溜的身體滑出一段距離，導致索爾只抓住了尾部。擔心鮭魚順勢滑走的索爾用神力一握，竟把鮭魚的尾部捏得又細又長，再也掙脫不得，這也正是如今見到的鮭魚都有一條細長尾巴的原因。天網恢恢，疏而不漏，這一次，惡貫滿盈的洛奇好不容易被抓獲之後，再也沒有一位亞薩神會聽他的狡辯之詞了。

亞薩眾神怎麼可能簡單處死洛奇，他們發誓絕對要讓他生不如死。眾神綁著洛奇來到一個陰暗潮濕的山洞中，他們在石洞口找到了三塊巨石，並在三塊巨石上各鑽了一個洞。眾神把洛奇與女巨人奧爾布達生的兩個孩子撕成了碎片，用他們的腸子將洛奇結結實實地綁在穿了洞的三塊巨石上。眾神還用神術把洛奇的雙腳變成了鐵塊，牢牢地熔鑄在了中間的一塊巨石上。遵照亞薩眾神的命令，慣於行走深山叢林，與各種野獸為伍的尼爾德的妻子絲卡蒂毫不費力地抓來了一條劇毒的大蛇，懸於山洞中的巨石上。這條劇毒的大蛇不時地往洛奇的面孔上滴下毒液，腐蝕著他的皮膚。在做完這一切後，總算為巴爾德爾報仇雪恨的眾神揚長而去，再也不管洛奇死活。

洛奇善良的妻子西格恩不忍目睹這一慘狀，她拿著碗為洛奇接住每分每秒滴下的毒液。但是，每當毒液滴滿一碗，西格恩不得不去倒掉的時候，就會有一些毒液在這個時間空隙中滴落在洛奇的臉上。洛奇被劇毒的蛇液折磨得痛苦不已，他那劇烈的痙攣與扭動使得大地都為之震顫。這種震顫，在人間被稱為地震。不過好在惡人終有惡報。

小知識：

巴爾德爾（Baldur），古斯堪地納維亞神話中，主神奧丁和他的妻子弗麗嘉所生的正直和英俊的兒子，是光明之神。他才貌出眾，滿面春風。當他微笑的時候，人們都感到無比喜悅。除了槲寄生外，沒有東西能傷害得了他。諸神知道他不會受傷，所以常向他丟東西以尋開心。雙目失明的黑暗之神霍爾德爾受到邪惡的洛奇的欺騙，把槲寄生投向他，將他射死。

命運掌握在誰的手中？

北歐神話裡的命運女神統稱為諾恩。諾恩既不是諸神的隸屬，也不是諸神的同僚，她們的判決就連亞薩神也必須要服從的。可以說，諾恩決定了諸神的命運，也決定了人類的命運。

事實上，命運女神諾恩是姐妹三個，大概是原始巨人諾爾維的後代，也或許是女神諾夜的平輩。諾恩三姐妹定居在諸神天天舉行會議的地方，烏爾達泉邊以及大梣樹伊格德拉修旁。她們每天在樹根上壅培新土，從烏爾達泉中汲水澆灌生命之樹伊格德拉修，使這顆聖樹永遠保持翠綠而活潑的生機。她們順便幫助伊敦看守那些掛在生命之樹枝頭的青春蘋果，防止別人偷竊。當罪惡漸漸肆意蔓延在宇宙之中，諸神的黃金時代告終，甚至連諸神的國度亞瑟加德也將不能倖免的時候，她們的職責是還原過去的全部歷史，以未來的罪惡警告諸神，告誡每位神祇珍惜現在時光。

諾恩三姐妹名為兀爾德、薇兒丹蒂、詩蔻蒂，分別代表了過去、現在、未來這三種時間。因為諾恩三姐妹代表了時間的三種狀態，所以長姐兀爾德是老而衰頹，常常向以往回顧，似乎對過去人或事念念不忘；二姐薇兒丹蒂正當盛年，目光直向前方，渾身散發出青春、活潑、勇敢的氣息；至於小妹詩蔻蒂，通常喜愛隱祕地躲在面紗後，不以真相示人，臉向著的方向正好和兀爾德相反，她手裡時常拿一本闔著的書或一卷紙，卻從不張開翻看，神祕莫測，以表示未來是神祕不可知的。每天，前來烏爾達泉集會的諸神都會找這三姐妹談話，向她們請教各式各樣的問題，期望能夠得她們的指點。甚至連眾神之主奧丁也時常親自到沃達爾泉邊聽取諾恩三姐妹的忠告。除了諸神請教自己的命運問題以外，她們對神祇的疑惑還是有問必答的。

做為命運女神，諾恩三姐妹的主要任務是編織命運之網。她們有時可以編織出很大很大的命運之網，一端起於極東的高山，另一端則入於極西的西海。命運之網的線顏色不盡相同，如果有一條自南而北方向的黑線，那就是死喪的標記。諾恩三姐妹投梭織造命運之網的時候，一般都會吟唱一首莊嚴的歌，似乎她們是盲目地在遵從、執行著宇宙間的永在律，蘊藏最古老且最高的力量的「萬物之主宰」的意志。三姐妹中的兀爾德和薇兒丹蒂是脾性溫婉的人，詩蔻蒂脾氣卻不是很好，她時常把即將完成的網撕得粉碎，拋到空中隨風飄散。這使得世界上出現許多前後矛盾的事情，有的人時而糊塗、時而聰明、時而勇敢無畏、時而又膽小如鼠是縮頭烏龜，有的才多而命短，有的無才而長壽，有的善惡隨心……令人不解困惑的現象層出不窮。

和諾恩們有關的傳說很多，以諾恩納格斯塔的故事最為有名。這故事的梗概略如下述：

有一次，諾恩三姐妹遊歷到丹麥，正巧碰上了一個貴族家庭的女主人生產，這是女主人的頭一胎，因而沒什麼經驗的全家上下亂成了煮鍋上的螞蟻。諾恩三姐妹走進這戶貴族之家，不理會旁人的呼喊，徑直踏入產婦的臥房。在接生婆的指導下，產婦深深地一呼一吸，使勁全身力氣，累得大汗淋漓。

沒過多久，伴隨這第一聲嘹亮的啼哭，嬰兒順利誕生了。諾恩三姐妹開心地輪番抱起了初生嬰兒。小傢伙很快就睡著了，小臉圓嘟嘟粉嫩粉嫩的，小嘴還吐著口水泡泡，逗樂了諾恩三姐妹。命運女神諾恩三姐妹開始預言了，老大兀爾德首先許諾道，初生嬰兒將英俊而勇敢，成為少女青睞的白馬王子。老二薇兒丹蒂許諾這孩子長大後將成為大富人和大詩人，兼具文采和財富。這時，貴族的鄰人們已聞命運女神在此預祝嬰兒的奇蹟，蜂擁而至，擠滿了整個房間。還未來得及發言的老三詩蔻蒂，竟硬生生地被人粗暴地推下了坐椅，擠倒在地上，還被臭腳踐踏了幾下。詩蔻蒂憤怒地爬起來，拍拍灰塵說道：「我的兩個姐姐的慷慨許諾是徒然的，因為你們的無禮，我將許諾這新生嬰兒的生命只與床前的小蠟燭一樣長。」

床前的那根小蠟燭已點了許久，早已燃燒過半，眼看不多時便會燃盡。產婦一把抱過可愛的嬰兒，撲通一下就給詩蔻蒂跪下了：「求求妳行行好收回許諾，救救我的孩子吧！他還這麼小，還沒來得及睜眼好好看看這世界！妳怎麼忍心就這樣剝奪了他生存的權力！」嬰兒的母親潸然淚下，在場的人無不心碎動容。但詩蔻蒂只是淡淡地說：「諾言怎可反悔，你們這樣不尊重他人，理應受到懲罰，就讓這無罪的孩子不公平的代你們受過吧！讓你們內疚不安一輩子。」老大兀爾德也不願意眼睜睜地看著這麼可愛的小生命瞬間消逝，而自己許諾的美好願景還未等實現就這樣被抹殺了，但自己又沒有能力將妹妹說過的話收回，究竟該怎麼辦呢？盯著小蠟燭的兀爾德突然想到一個相對妥當的解決方法。她讓老二薇兒丹蒂帶著老三詩蔻蒂先行離開，然後將即將燃燒完的小蠟燭吹熄，遞給嬰兒母親，吩咐她好生珍藏著：「只要妳不點燃這節蠟燭，它就不會燃燒完，那妳孩子的性命就可保全。等到將來有一天你的兒子厭倦生活了，再取出來點燃它，讓最後的生命之光流逝。」嬰兒母親一個勁地感謝兀爾德的救命之恩。兀爾德回絕了貴族家人塞來的金銀財寶，就此別過，去追尋二妹和三妹了。

為了紀念諾恩三姐妹們，這個孩子就取名為諾恩納格斯塔。孩子的母親謹慎珍藏著那關乎兒子性命的半截短燭。諾恩納格斯塔在貴族家庭的呵護培養下茁壯成長。正如兀爾德所許諾的一樣，諾恩納格斯塔樣貌英俊瀟灑，氣宇不凡，性格勇敢無畏，膽大心細。正如薇兒丹蒂所許諾的一樣，諾恩納格斯塔富甲一方，家道這幾年在他的經營下愈加殷實富裕起來。他也不是一個土財主，而是個吟詩成章的大詩人，滿腹經綸，才高八斗。每個美好的祝願都如諾恩們所言，一一實現。長大成人後，母親乃將這段故事仔仔細細地告訴了諾恩納格斯塔，還將攸關生命的殘燭交給他親自保管，幫助藏匿於他的貼身之物琴中。

時光流逝，諾恩納格斯塔漸漸變老了，但他一點也不厭倦生活。他的詩人之心常保青春，活力無限。諾恩納格斯活了整整三百多年，直到奧拉夫國王強迫人民信奉基督教的時候，子孫滿堂的他依舊沒有對生活厭倦得失去了生存的興趣。奧拉夫也強迫這位年邁的老人受到天主的洗禮，信奉基督教。為了向廣大民眾證明命運女神諾恩三姐妹的預言並不足以置信，而應該改信基督教，奧拉夫強迫諾恩納格斯塔取出珍藏了整整三百多年的殘燭來燃燒。可惜的是，命運女神的話堅不可摧。短燭很快就燃燒完了，燃盡之時，三百多歲的諾恩納格斯塔也倒在地上死了。由此可見，即使在基督教盛行的時代，命運的權力也還是不可動搖的。

諾恩們有時亦被稱為伐拉或女預言者。在北歐人看來，只有女人才擁有「預言」這種神祕的能力。伐拉們的預言有著至高無上的權力，且不能詢問其緣由。這些女預言者大都住在森林裡或古墓中，常伴隨著侵略的軍隊。她們騎馬在先，鼓勵戰士們衝鋒，並從俘虜身上吸取血液。北歐人相信每個活人都必有一個守護靈，相伴終生。這守護靈或為人形，或為獸形，只有在將死之時，才會看見自己守護靈的模樣。

相傳奧古斯都皇帝的小兒子羅馬大將德路蘇斯曾遇到一個伐拉，被告之其不可渡過萊因河，否則會有不順之事發生。後來，渡過萊因河戰鬥的德路蘇斯果然遭遇到了敵軍凶猛地反攻而慘敗落跑。伐拉還曾預言德路蘇斯的死期，不久之後他果然在預言的死期下墮馬而死。

諾恩們的寓意是很明顯的，但是有些神話學者仍將諾恩視為原始人對自然現象的解釋。他們認為諾恩們是空氣的象徵，她們所織的命運之網是雲，撕破的網則化為被風吹散的雲。有些傳說認為，諾恩們中的小妹詩蔻蒂是死神或冥王赫爾的化身，又有一說則稱詩蔻蒂實際上也是女武神之一。

小知識：

命運女神，北歐神話中命運女神諸諾恩是為總稱，所謂諾恩斯（Norns），並非亞瑟加德諸神的隸屬，也不是諸神的同僚。她們對命運的判詞是諸神也得服從的。她們決定了神的命運，也決定了人類的命運。希臘神話中摩伊拉（Moirai）是命運三女神的總稱，是宙斯（Zeus）和正義女神忒彌斯（Themis）的女兒，這三位掌管萬物命運的女神分別是：克羅托（Clotho）、拉切西斯（Lachésis）、阿特洛波斯（Atropos）。

利里爾的復仇

伏爾松格傳說始於眾神之主奧丁其中的一個兒子——希吉。他做為亞薩神首領之一，掌握有威嚴的權力，受人尊敬。然而好景不常，有一次，希吉與朋友結伴去野外打獵。結果，因為妒忌對方射殺的獵物數量比自己多了一倍之多，竟趁其不備殺害了他，埋屍野外。沒過多久，希吉就因為這件醜事敗露了而被驅逐出了本土亞薩園。

這也是無奈之舉。對方家人趕來亞薩園叫囂著王子犯法與庶民同罪，讓奧丁交出希吉，給予其應有的懲罰。奧丁只好當著眾人的面，表示與希吉正式脫離父子關係，將他毫不留情地趕出了亞薩園。不過，希吉畢竟是奧丁的親生兒子，他怎會捨得就這樣任由其自生自滅。奧丁暗地裡給了希吉一條設施齊全的船，以及船上百來名驍勇善戰的士兵。

希吉受了奧丁的幫助，加上自身努力，戰無不勝攻無不克，最後征服了廣闊的土地，成為了匈奴帝國的皇帝，擁有很大的權力以及崇高的地位。已被驅逐出亞薩園的希吉自然不可能像亞薩神一樣服食青春蘋果，他一天天的老去。直到年紀很大的時候，奧丁的眷顧才離開了希吉，他很快就被妻屬的親戚用陰險的計策所謀害了。

很可惜，他們的陰謀沒有達成。正好希吉的兒子利里爾遠征歸來，順利繼承了大位。利里爾上任的第一件事就是為父親希吉報仇。利里爾是一個勤政愛民的好皇帝，他在位的期間裡國泰民安。可惜的是，利里爾沒有兒子，將來子嗣繼任大統之事恐怕有所麻煩。後來，他的虔誠祈禱打動了諸神之后弗麗嘉，她派侍女蓋娜賜給利里爾一個蘋果。

傍晚，習慣性在山邊散步的利里爾，突然看到天空上掉下來一顆蘋果，準確無誤地落入他手中。利里爾呆立半晌，領悟到此蘋果乃是天神賜嗣子之意。於是，利里爾持著蘋果，欣然回到家中與妻子分而食之。沒過多久，妻子果然誕下一子，長得眉清目秀，取名為伏爾松格。不久，利里爾夫婦去世，還在襁褓之中的嬰兒伏爾松格成為了國王。

伏爾松格逐漸長大，他在位期間，國家比之前更為富強。伏爾松格著實是一位雄才大略的君主，麾下勇士無數，素來所向披靡。布蘭斯托克橡樹紮根於伏爾松格的大殿中央，直貫屋頂，籠罩了整座宮廷。所有勇士都喜愛在大橡樹布蘭斯托克底下分享皇家的食物。

轉眼間，已至中年的伏爾松格生有十個兒子，第十一個迎來的是光耀了家族的女兒希格妮。希格妮到了待字之年，豔名早已聲噪遠近。慕名前來求婚的人絡繹不絕，其中就有哥特國王希吉爾。最後，希吉爾得到了希格妮父親伏爾松格的許可。自古婚姻都是父母之命，儘管希格妮不認識希吉爾是誰，還是得遵從父親命令嫁給他了。

到了結婚那天，從未見過這位求婚者的希格妮，終於親眼看見了新郎希吉爾。可惜的是，他看起來遠不像哥哥們那樣氣宇軒昂，一表人才，反而是如此的猥瑣凡庸。希格妮感到非常不高興，暗自責怪父親眼光太差。可是，為了家族的體面，希格妮只得勉強成婚。她這種沮喪的心情，恐怕只有細心的十哥希格蒙德知道。

婚宴剛吃到一半，忽然來了一位不速之客。來人只有一隻眼睛，身材很高大，披了一件雲藍色的大袍。他完全不看喧鬧的人群，徑直走到布蘭斯托克橡樹面前，拔出一把利劍，深深砍入粗壯的樹幹上。然後，他慢慢地轉過身來，對著早已目瞪口呆的眾人說：「誰能拔出此劍，就將無敵於天下。」說完，這位不速之客就消失得無影無蹤。眾賓客反應過來，這正是眾神之主奧丁大神親自前來給後裔的指示吧！

伏爾松格請在座的人到布蘭斯托克橡樹面前試拔這把劍。第一個被邀請的自然是今天的主角——新郎希吉爾。希吉爾用盡平生所有的力氣，也無法將寶劍拔出絲毫。

第二個嘗試的人是伏爾松格自己，但也沒有成功。伏爾松格的前九個王子也都一一去拔劍，但寶劍還是牢牢地嵌在橡樹中不肯出來。於是，輪到第十位王子，最年少的希格蒙德。沒想到，他走上前去輕輕鬆鬆地就將劍拔了出來，彷彿劍只是套在鞘子裡一般。

在場所有的人都慶賀這位年少王子的成功，只有新郎希吉爾內心充滿了妒忌。他向希格蒙德索要這把神賜的寶劍，但被希格蒙德一口拒絕了。希吉爾覺得面子掛不住，當即下定決心要謀害伏爾松格一族，奪取這把神劍。

希吉爾假惺惺地熱情邀請伏爾松格和他的十個兒子一個月後到他的國家遊玩，伏爾松格欣然允諾。希格妮早猜到心胸狹窄的希吉爾有所陰謀，便趁著丈夫睡著後，悄悄地跑去警告父親，勸誡他不要答應希吉爾的邀請去他的國家。但伏爾松格認為已答應的事情就絕不能失信，而拒絕了希格妮的好意提醒。

度過了蜜月後，這一對新人啟程前往哥特國了。一個月後，伏爾松格應約帶著十個兒子乘著船到達了哥特國境的海岸。希格妮早已派眼線守望在海岸邊，一見到家裡人的船，就飛快地跑出宮殿，告誡父兄不可上岸，前方已有埋伏。但是伏爾松格家族的人勇敢無畏，怎會因為害怕就退縮。他們安慰了希格妮一番，催促她趕緊回宮，就帶了兵器上岸了。

果然，伏爾松格家族的人在半路上就遇到大批的伏兵。伏爾松格一族雖然驍勇善戰，但終究寡不敵眾，老伏爾松格戰死了，十個王子都被活捉。卑怯的希吉爾並沒在戰場上露面，現在卻高坐著審問這十個王子。

他奪取了希格蒙德的神劍之後，便要將十個王子全部處死。希格妮苦苦哀求，卻也不能救她哥哥們的性命，只得以死相逼。希吉爾回應道：「看在妳的面子上，我就不直接用劍了結他們的性命。就將他們綁縛在森林中，他們會被餓死還是被野獸咬死，一切都聽天由命吧！」希吉爾恐怕希格妮會私下偷偷幫助她的哥哥們逃走，於是就將她囚禁在宮中，監視其一舉一動。

每天早晨，希吉爾都會派人到森林中去看看伏爾松格的十個王子是否還苟延殘喘著。因為夜晚總會有一條狼跑到森林中吃下一個伏爾松格王子，只留下一堆白骨頭；所以僕人們每天的回報都是又死了一個王子。直到十個王子中只剩下希格蒙德還活著的時候，希格妮終於想出了一個計策。她命令僕人偷偷潛入森林，將蜜糖塗滿了希格蒙德的臉和嘴。夜幕降臨，狼又來了。這次，牠不僅嗅到了人肉的香味，更嗅得蜜糖的甜味。

狼用舌頭使勁地舔舐著希格蒙德的臉，最後竟將舌頭伸進他的嘴裡。這可是一個絕好機會，希格蒙德立即咬斷了狼的舌頭。狼痛得大聲嚎叫，張開血盆大口朝希格蒙德凶惡地撲來。希格蒙德豁出去了，用自己的頭狠命地砸向惡狼。結果，一番搏鬥後，希格蒙德不但殺了惡狼，還掙斷了鐵鏈的束縛。他趕緊丟下狼的殘骸，躲入森林深處。誤把惡狼屍骨當成第十個王子的僕人，向希吉爾報告最後一個王子也死了。希吉爾這下心情舒暢了，特赦僕人解除希格妮的囚禁。

一天，好不容易躲過監視的希格妮來到森林收集哥哥們的骨頭。躲藏多日的希格蒙德從隱匿處跑出來與她相見，幫她一同收拾九個哥哥的骨頭。兩人發誓一定要報伏爾松格一族之仇。希格妮先暫且回到宮裡去，希格蒙德在森林中造了一個茅屋，就近住下來。兩人打算裡應外合，一舉消滅卑劣的希吉爾。

殺死了伏爾松格一族的希吉爾，早已併吞了伏爾松格的國土，他快快活活地等待著第一個兒子的誕生。希格妮同樣寄希望於這個孩子，盼望著他能為母親一大家子報仇。一段時日後，孩子順利誕生了。等到這孩子十歲的時候，希格妮悄悄將他送給希格蒙德，請他訓練這孩子，為她復仇。但是，混合了希吉爾和希格妮的血統的孩子是缺乏足夠勇氣的。希格蒙德試過這孩子後，終究覺得他是塊糊不上牆的爛泥，送還給了希格妮。第二個孩子又生下來了，還是沒有勇氣的懦夫。希格妮終於明白，寄希望於她和希吉爾的孩子是多麼愚蠢的行為，只有伏爾松格家族的純血之子才能擔負起報仇的重任。她決定自己犯罪，不惜一切代價得到這純種的後代。

希格妮招來了一個年輕美貌的女巫，強求她和自己暫且調換相貌。然後，希格妮找到森林中希格蒙德的茅屋，脫光衣服在床上等候希格蒙德回來。希格蒙德回來後，驚訝地看到自己床上有個赤身裸體的女人躺著。這位陌生的風騷少婦朝他做出勾魂的姿勢，撒嬌地說道：「來嘛，今晚就讓你醉生夢死。」希格蒙德根本就認不出眼前之人就是自己的妹妹希格妮，既然有人莫名其妙送上門，就順其自然地和她睡覺了。

三天後，希格妮回到自己的宮裡，與女巫調換回原形。不久，希格妮就生下一子。從這個嬰兒的聲音和相貌中明顯可以看出，他有著純正的伏爾松格的血統。希格妮將這個孩子命名為辛菲奧特利。等到辛菲奧特利十歲時，希格妮親自試驗他的勇氣，狠心地將他的衣服牢牢縫在了他的皮膚上，然後猛地一把扯下來。可是，辛菲奧特利卻沒有痛得放聲大哭，反而哈哈大笑。希格妮知道他的勇氣非比尋常，立刻送他到希格蒙德處接受訓練。

與希格蒙德在森林的日子裡，辛菲奧特利表現得異常勇敢，他很快就學會了北歐武士應該熟練掌握的各種本領，還和希格蒙德成了好朋友。有一天，希格蒙德和辛菲奧特利看到了一間茅屋。從窗戶外瞧進去，可以看到裡面有兩個人熟睡著，正對著的牆壁上掛了兩張狼皮。希格蒙德猜測到，這兩個人是魔法師，懸掛著的狼皮其實是可以變人為狼的寶物。他偷偷潛入茅屋內，取了狼皮跑了出來。希格蒙德和辛菲奧特利各披了一張狼皮，立刻變成了狼。

兩人像著了魔一樣狂奔出森林，見人就咬。狼性愈加難以控制，兩人竟相互撕咬起來。希格蒙德畢竟比辛菲奧特利強壯有力，很快就把辛菲奧特利給咬死了。這弒人慘劇使得希格蒙德一下子恢復了本性意識，可是辛菲奧特利已經被自己咬死了，再怎麼後悔也於事無補。突然，一對鼬鼠從樹叢中跳出來，互相撕咬，結果死了一隻。得勝的那隻鼬鼠跳進茂密的草叢中，拿出一片樹葉來，擱在死去的那隻鼬鼠胸口，那死鼠竟然又復活了，活蹦亂跳地跑了。

忽然，有一隻烏鴉銜了一片同樣的樹葉丟在他腳邊。希格蒙德立刻明白過來，樹葉是神的恩賜。他趕緊拿著樹葉用同樣的方法救活了辛菲奧特利，帶著他一同回到了自己的茅屋裡。他們靜靜等待著魔法的時效過去，好將可怕的狼皮脫下來。一直等了九天九夜，狼皮才脫落下來了。好不容易恢復人形的希格蒙德和辛菲奧特利，立刻將狼皮投在火中燒了。

後來，希格蒙德將自己的深仇大恨講給辛菲奧特利聽。雖然他們都不知道事情的真相，以為辛菲奧特利是希吉爾的兒子，但辛菲奧特利依舊發誓說要幫希格蒙德報這血海深仇。他們選了一個沒有月色的夜晚，溜進了希吉爾的宮殿。為避免被巡邏的僕人們發現，兩人先躲在酒窖裡等待時機。不料，希格妮前面生的兩個兒子正在酒窖外面玩擲金環的遊戲。糟糕的是，一個金環滾進酒庫裡去了。這兩個小孩追進了酒庫，發現了兩個埋伏在此的刺客，大聲嚷嚷起來。正巧希格妮趕到酒窖外，抓住了她這兩個拼命逃跑喊叫的兒子，推給希格蒙德，讓他一刀殺了這兩個孽種。心軟的希格蒙德遲遲不肯下手，他身旁的辛菲奧特利果斷地走上前，砍下了兩個小孩子的頭。被聲音驚醒的希吉爾拿起兵器，帶領眾多武士抓捕刺客。希格蒙德和辛菲奧特利兩人很快就都被捕了。

希吉爾命令將希格蒙德和辛菲奧特利關在一座墳墓裡，墓口蓋上石板，打算活活悶死兩人。當最後一塊石板即將要蓋上的時候，希格妮抱了一束稻草投入了墳墓中。希吉爾的人以為那只是為了能讓這兩個刺客多受幾天痛苦的食物。當石板蓋好後，辛菲奧特利打開那束稻草，裡面不是食物，而是那把神賜的寶劍。辛菲奧特利和希格蒙德用這把神劍砍穿了石板，逃出了被活埋的墳墓。

恢復了自由的希格蒙德與辛菲奧特利，跑到希吉爾的宮殿內放起大火來。他們牢牢把守住了出口，只許婦女兒童逃出來。希格蒙德與辛菲奧特利大聲呼喚著希格妮趕快逃出火海。可是，淚流滿面的希格妮跑到出口，緊緊地擁抱住了希格蒙德，匆匆地將辛菲奧特利的真實身分說完，就回身跳入熊熊燃燒的火焰中，與她的仇人希吉爾同歸於盡。

小知識：

蓋娜（Gna），是弗麗嘉的速行使者。騎在她的馬霍瓦爾普尼爾（Hofvarpnir，迅馳者）上，能夠飛快地渡海過山，無論是空中還是火中，沒有一處地方不能去。她是清風的人格化。她把路上所見的一切告訴弗麗嘉。有一次，她看見奧丁的後代利里爾（Rerir）王在海邊哭，因為他沒有兒子。蓋娜把這事告訴弗麗嘉後，弗麗嘉就取一蘋果（這是結實的象徵），使蓋娜賜給了利里爾王。後來利里爾王果得一子，就是北歐傳說中有名的英雄伏爾松格（Volsung）。

命運女神的預言

希格蒙德和辛菲奧特利完成復仇大計後，決定拋棄所有過往的傷痛記憶，離開哥特，回到他們自己的故鄉匈奴帝國，開始一段新的歷程。懷著萬千感慨，兩人忐忑不安地回到了那片曾經叱吒風雲的國土。沒想到，民眾們非常歡迎他們的歸來，盼望他們重新執掌國家，因為希吉爾的暴政著實令他們不堪忍受。

順應民意，希格蒙德做了國王，並且娶了柏格希爾德為妻。沒過多久，柏格希爾德就為希格蒙德生下了二個兒子，分別取名為哈蒙德和赫爾吉。在弟弟赫爾吉出生的時候，命運女神預言，他將來會被選入瓦爾哈拉神殿，成為一名英靈戰士恩赫里亞。

按照北歐王室易子而教的規矩，赫爾吉自幼受教於哈加爾。十五歲時，赫爾吉就已十分膽大。有一次，他獨自一人躲過重重守衛，闖入世仇亨定的宮殿中玩耍。不巧的是，他很快被亨定發現了。見情況不妙的赫爾吉撒腿就跑。為了抓住赫爾吉，亨定的僕人一直追到了哈加爾家裡。機靈的赫爾吉趕緊喬裝成家中的侍女，這才得以脫險。赫爾吉的膽大就此在北歐王室中傳開。

這也就導致了後來，赫爾吉尚未長大成人，就跟隨辛菲奧特利帶領一支部隊去攻打亨定一族。這場戰鬥打得相當激烈，就連亞薩諸神也派了女武神瓦爾基麗們在戰場上飛翔，挑選最勇敢的死者帶回在塵世中陣亡的英雄的住所瓦爾哈拉。在尋找過程中，一名叫做希格露恩的瓦爾基麗狂熱地愛上了赫爾吉。她完全癡迷於赫爾吉在戰鬥中那英勇瀟灑的身姿，勇敢無畏的精神。希格露恩找到赫爾吉，當著眾人的面公開表達自己願意做他的妻子的想法。赫爾吉十分欣賞希格露恩的奔放自然，順理成章地接受了她的好意。經過此次戰役，亨定一族的所有族人都戰死了，只剩下了達格。正因為達格是早已成為了赫爾吉之妻的希格露恩的兄長，而且他發誓以後不會為自己的族人報仇，赫爾吉這才答應留下了達格的性命。

可悲的是，達格並沒有遵守誓言，他借到了奧丁的聖矛，殘忍地殺害了赫爾吉。此時的希格露恩因為痛失丈夫而日日哭泣，悲傷至極。直到後來，赫爾吉托夢給希格露恩，告訴她：她的每一滴眼淚都將成為他傷口上的一滴血，令他心如刀絞，痛楚加倍。為了不讓赫爾吉死了還遭罪，希格露恩才停止哭泣。不過好在不久以後，赫爾吉就穿過虹橋到達了瓦爾哈拉，成為恩赫里亞的首領，而希格露恩也重新成為瓦爾基麗，兩人能夠再度相遇。從此，希格露恩和赫爾吉永遠幸福地生活在一起，直到世界末日，諸神之黃昏的降臨。

不只是赫爾吉，希格蒙德的另一個兒子，昔日的戰友辛菲奧特利也未得善終。有一次，辛菲奧特利因為與王后柏格希爾德的弟弟爭執，一氣之下殺了他。王后柏格希爾德對辛菲奧特利恨得是牙癢癢，一心想要毒死他。在葬禮酒宴上，王后柏格希爾德趁其不備，在酒裡下了毒。不過，辛菲奧特利早就識破她的陰謀，沒有觸碰過裝著毒酒的酒杯。王后希格蒙德故意端著酒杯上前嘲諷道：「堂堂辛菲奧特利，居然也會不敢喝酒。沒想到啊，看來以往的雄威都只不過是片面吹牛之詞，還真是個偽君子，懦夫！」辛菲奧特利一下子就被王后希格蒙德給激怒了，頭腦一熱就將一杯毒酒一口灌了進去，頃刻就口吐鮮血，倒地身亡。眾人見狀皆譁然。

希格蒙德狂吼著撥開層層人群，悲傷地背起辛菲奧特利的屍體，緩緩地走到海邊，打算將辛菲奧特利海葬。沒想到，海面上突然出現了一個獨眼老翁，駕著一條船朝他駛來。獨眼老翁停在了希格蒙德的面前，對著他說道：「孩子，請將辛菲奧特利的屍體交給我吧！不要問我原因，他有他死後該去的地方。」也不知道為什麼，希格蒙德就是感覺到眼前這個老翁的話很有說服力，他將辛菲奧特利的屍體毫不猶豫地放置在了老翁的船上。獨眼老翁載上辛菲奧特利的屍體，頓時消失得無影無蹤。原來，這是眾神之主奧丁親自來帶辛菲奧特利去瓦爾哈拉。希格蒙德很欣慰地感受到，辛菲奧特利也算是死得其所了。

回到匈奴帝國後，希格蒙德立刻廢逐了王后柏格希爾德，另娶年輕貌美的希奧爾迪絲。希奧爾迪絲是全國公認最美麗的女孩，許多人曾為她著迷，但都被她冷臉拒絕。震於希格蒙德的大名，希奧爾迪絲心有畏懼地嫁給了他。相處過後，希奧爾迪絲逐漸愛上了她的丈夫，將心徹徹底底地交給了他。在追求希奧爾迪絲的人中，有一個本屬於亨定家族叫萊格尼的貴族，也曾向希奧爾迪絲求過婚，同樣遭到了無情的拒絕。

看到心愛的女人居然嫁給了希格蒙德，心胸狹窄的萊格尼立刻起兵前來攻打希格蒙德。希格蒙德雖然已經有些衰老了，但是威力依舊銳不可減，他左揮右砍，殺死了很多萊格尼一方的士兵。直到一名高大獨眼的老戰士突然衝過來舉矛攻擊希格蒙德，希格蒙德順手抬起他那神賜的寶劍去抵禦。不料，神劍竟被打成粉碎。沒有武器協助戰鬥的希格蒙德，很快就被四面八方包圍過來的敵人刺死了。

失去了首領希格蒙德，所有伏爾松格的武士都被逐個殺死了。見戰局已定的萊格尼火速離開戰場，想趕快佔據希格蒙德的王位，強迫美麗的希奧爾迪絲嫁給自己。而此時此刻，希奧爾迪絲正躲在草叢中觀戰。看見丈夫萊格尼血肉模糊地倒在地上，希奧爾迪絲哭著跑出來擁抱住垂死的希格蒙德：「求求你不要死啊！我懷孕了，我有我們的寶寶了，你不要死啊！」希格蒙德氣息微弱地吩咐著希奧爾迪絲：「妳要保藏著神劍的碎片，一族的大仇都要交給妳肚子裡的孩子來報了，對不起，我陪不了妳了。」話音未落，希格蒙德就氣絕身亡了。

希奧爾迪絲抱著希格蒙德的屍體，悲痛地放聲大哭，她的侍女突然前來報告，有一隊丹麥人馬往這邊走來了。於是，希奧爾迪絲趕忙帶著侍女再次躲入草叢中，兩人互相交換了服裝，然後跑出來拜見那隊丹麥人的首領埃爾弗。希奧爾迪絲和侍女繪聲繪色地詳細敘述著剛剛發生的戰事，引起了埃爾弗的極大興趣。希格蒙德的事蹟令埃爾弗心生敬重之情，他下令僕人收拾了希格蒙德的屍身，在當地舉行了隆重的葬禮，厚葬了希格蒙德。然後，埃爾弗帶著可憐的希奧爾迪絲及其侍女回他的國家丹麥。

回國之後，埃爾弗開始對這兩個女人的主從關係產生懷疑。他故意讓希奧爾迪絲做了許多粗活，想要試探出她究竟是主人還是僕人。不過，聰明的希奧爾迪絲識破了埃爾弗的想法，毫無怨言地跟著其他僕人一起做著粗活，沒有露出一點破綻。但是，她的氣質是掩蓋不了的，埃爾弗還是懷疑兩人的主從關係。他設下了一個計謀：當著兩人的面，他告訴她們，希格蒙德的墓被盜了，他打算把希格蒙德的墓遷到丹麥來。這對於真正的希奧爾迪絲來說，是萬萬不可的事情，她的孩子還要回到那片故土，手刃仇人，為父報仇，以告慰他的在天之靈。希格蒙德倘若能說話，也是會堅決反對離開眷戀一生的故土。心急的希奧爾迪絲「撲通」一聲跪下，請求埃爾弗打消這個念頭。就這樣，埃爾弗用手段試出了真正的希奧爾迪絲。沒過多久，他就要求娶希奧爾迪絲為妻。希奧爾迪絲想著畢竟寄人籬下，對方對自己也算不錯，便答應了埃爾弗，但條件是他必須得好好照顧這即將出生的小生命。埃爾弗爽快地答應了她的請求。後來，希奧爾迪絲順利產下一子，取名為希格爾德。埃爾弗果然也遵守了自己的諾言，請了最聰明的侏儒萊金來教育希格爾德。萊金雖是矮小醜陋的侏儒，卻知道過去未來一切的事情，甚至能夠預算出自己未來將死於一個年輕人之手。

希格爾德漸漸長大了。長江後浪推前浪，他的才能逐漸趕超上了老師萊金。希格爾德不僅懂魯尼文字，善於辯論，而且還會打造兵器，是丹麥無人能敵的勇士。成人之年，希格爾德向埃爾弗提出想要擁有一匹屬於自己的好馬。埃爾弗答應了此事，正帶著希格爾德去選馬的時候，眾神之主奧丁又親自降臨，指點他選了一匹好馬史萊普尼爾的後代格拉尼。

一個冬天的夜裡，希格爾德和老師萊金圍著火爐而坐。萊金彈著琴，吟唱出一首詩歌，敘述了他的生平事蹟：赫瑞德瑪是侏儒的國君，有三個兒子：長子法弗尼爾，膽子大，臂力強；次子奧特爾，有法術，能千變萬化；三子萊金，頭腦聰明，雙手靈巧。為了取悅赫瑞德瑪，萊金建造了一座大房子，裡面鑲滿金珠寶石，勇敢的法弗尼爾做了大房子的守衛。

有一天出事了。奧丁、海尼爾、洛奇三位亞薩神喬裝為人類，來到赫瑞德瑪的家中。洛奇看見一隻水獺在門口曬太陽。水獺實際上是由赫瑞德瑪的次子奧特爾所變的，可是洛奇並不知道，他殺了水獺，背在肩上，準備做一餐美味的晚飯。三位亞薩神進了赫瑞德瑪的屋子，立刻就被重兵團團包圍，一舉擒獲。赫瑞德瑪要三位亞薩神償還兒子的性命。三位亞薩神自然做不到讓死人復活，也不可能一命償一命。雙方僵持不下。還是赫瑞德瑪鬆了口，除非他們能拿足以堆滿這水獺皮的金子來抵命，那就此作罷。赫瑞德瑪放了洛奇，讓他設法去籌集金子。

洛奇找到了住在水底的侏儒安德瓦利，將他所藏的黃金攫奪淨盡，奪走了他那聞名遐邇的「恐怖之盔」。無論何人，只要戴上「恐怖之盔」，與之鬥爭的敵人都會被嚇得魂飛魄散。最後，洛奇還搶走了安德瓦利手中的吸金指環，這個指環猶如磁石吸鐵，能夠自己吸引金子。被打劫一空的安德瓦利憤怒地詛咒：「得此指環者必遭殺身之禍！」洛奇哪管得上這麼多，他回到赫瑞德瑪的家中，拿出搶來的金子堆在水獺皮上。可是這水獺皮自行擴大了，洛奇的金子連它的一個角落都堆不滿。洛奇實在沒有辦法，只好犧牲了他搶來的「恐怖之盔」和吸金指環，連同金子全給了赫瑞德瑪。三位亞薩神才得以自由地離開赫瑞德瑪家中。果不其然，侏儒安德瓦利的詛咒應驗了。因為是兄弟奧特爾的償命錢，法弗尼爾和萊金都要求分一杯羹。可是，財迷心竅的赫瑞德瑪什麼也不想給。法弗尼爾殘忍地殺死了父親赫瑞德瑪，又將要求分財產的萊金趕出家門。直至今天，萊金還是個流浪者，依靠他的聰明大腦和靈巧雙手過日子。而見錢眼開的法弗尼爾久踞在他的財寶上，化成一條可怕的龍，住在格尼塔海德。

萊金唱完了他的故事，盯著希格爾德：「你可願意為我報仇？」希格爾德不好意思回絕：「我可以答應你，但條件是你要為我鑄造一把足以匹配的好劍。」萊金鑄造了兩把好劍，卻被希格爾德一下子就折斷了。後來，希格爾德從母親希奧爾迪絲那裡拿來了父親希格蒙德留下的神劍碎片，方才鑄造出了這把折不斷的神劍。

希格爾德手持神劍，先去為伏爾松格家族復仇。還沒等伏爾松格家族反應過來，希格爾德就一舉殺死了萊格尼和萊格尼的所有族人，然後和萊金去尋找那條毒龍法弗尼爾清算舊帳。他們艱難行進在一步一步壘高起來的山路上，好不容易走完了一段漫長的山路，前方出現了一片荒涼沙磧。萊金說這裡就是法弗尼爾的居住之地，報仇的時刻即將到來，他膽小就不跟隨前往了。希格爾德告別萊金，獨自一人向前走。

很久之後，一個獨眼老人出現了，他指點希格爾德，法弗尼爾每天都要經過這片沙磧到河邊去喝水，可以在此處掘溝設伏偷襲，等那毒龍出來時用神劍刺牠的心臟，這樣成功率會比較大一些。希格爾德聽從建議，在這裡掘了溝，躲在溝裡耐心等待。當毒龍法弗尼爾從溝的上方經過時，希格爾德看準毒龍左胸猛刺一劍，果然正中命門。這妖魔狂吼著翻滾了兩圈，就一命嗚呼了。

萊金確信已經安全了，方才走近希格爾德身邊，一邊細細打量起毒龍法弗尼爾，一邊花心思思忖起來。為了防止希格爾德索取報酬，萊金搶先皺著眉頭抱怨起來：「希格爾德，你實在不該殺了我的哥哥啊！報仇又不一定得取人性命，我只是讓你懲罰一下他。」希格爾德沒有回話。「當然，我也不可能讓你一命抵一命的啦！這姑且不提了，只要你肯替我把龍心挖出來，燒好給我吃，我就願意和解，饒恕你這個過錯。」萊金假惺惺地說道。希格爾德慨然應允，答應暫時充當一次庖丁。不過，這解的可是龍，不是牛那麼簡單了。希格爾德好不容易才將龍給解剖透了，挖出了龍心。

萊金一面等著吃龍心，一面又在打主意，究竟該如何暗算這個年輕人，將整條龍據為己有。希格爾德將龍心烤了一會兒，也看不出龍心究竟有沒有熟。他伸出手探試龍心的溫度，看看是否已經烤熟。不料，灼熱的龍心瞬間燙傷了希格爾德的手，順帶沾了他一手新鮮的龍血。希格爾德趕緊將自己燙傷的手指放進嘴裡吮吸，想要緩解一下疼痛。然而，奇事發生了：龍血一碰到他的舌頭，他嚥了口唾沫，突然聽見好多人在說話。希格爾德驚訝地四處張望，看見此時正有一群小鳥在他四周啾啾地叫，原來自己竟然聽得懂鳥兒的語言了。希格爾德用心一聽，是小鳥們在對他說：「萊金不懷好意，萊金不懷好意，應該殺了他，應該殺了他！拿走他的金子，自己享用龍心和龍血，因為這是希格爾德應得的戰利品。」這些忠告正符合希格爾德之意，他立即起身殺了心懷不軌的萊金，喝了龍血，吃了大半個龍心，取走了「恐怖之盔」，戴上吸金指環，將金子裝在自己馬的背囊內，坐在鞍上聽小鳥們還有什麼精闢的論斷，思索著下一步究竟該走向何處。

小知識：

瓦爾基麗，引導英靈的死神，直譯為挑選亡者的女性，又稱「尋找英靈者」。瓦爾基麗這個名字來自於風之力和迷霧。瓦爾基麗都是美麗的少女，有著漂亮的白臂酥胸和飄揚的金黃長髮。她們戴著金盔或銀盔，穿血紅色的緊身戰袍，拿著發光的矛和盾，騎小巧精悍的白馬，與「野獵」幽靈一道出巡，或者化作天鵝飛向戰場，為瓦哈拉殿堂收集陣亡的武士。瓦爾基麗在神系裡將是屬於北歐神話中一般意義上的生育和命運女神。瓦爾基麗擔負奧丁所賦予的任務，直接參加地上所進行的混戰，賜勝於一方，其外貌變化即為戰爭行將爆發的象徵，並且做為那些在戰場上陣亡的英雄的指引者，將他們帶入瓦爾哈拉。

沉睡少女的甦醒

希格爾德坐在鞍上，思索著下一步究竟該走向何處。突然，希格爾德聽到小鳥們說，有一個身旁猛火環繞的沉睡少女，只有極其英勇的人才能走入火中將她喚醒。這正是希格爾德想要的冒險，他立刻動身找尋這位沉睡少女。

經過了長途跋涉，千山萬水，他終於在法蘭克蘭的希恩達爾山中，看見在一座極高的山峰頂上似乎隱隱有火焰噴射出來。希格爾德俐落地從山麓上去，火焰燃燒得更加厲害了。爬到山頂時，他看見一個火焰圓圈呼呼地響著，灼燒的火苗張牙舞爪著，這樣的場景即使是最勇敢的人也會望而卻步。但是，希格爾德記起了小鳥們的話，便英勇無畏地衝進火圈。沒想到，狂暴的火焰突然熄滅了。希格爾德依著一條灰白的路徑走進了一座城堡。

城堡的大門敞開著，希格爾德縱馬直入，無人阻攔。終於，他在院子中間看見有一個披甲戴盔的人形躺著。希格爾德下了馬，將那人的鐵盔面罩揭開來看，不禁驚呼起來：原來這不是戰士，而是一名極其美麗的少女。他用了種種辦法想要喚醒少女，可是都沒有效果。希格爾德決定還是先把厚重的盔甲卸下，這樣比較容易將她搬回去。他用劍割開少女貼身的鎧甲，裡面襯著雪白的女袍，金色的長髮紛紛披在腰間。當甲冑被完全割開的時候，少女忽然睜開了她的雙眼，一線陽光正好照耀在她的臉上，粉嫩的皮膚折射出萬丈光芒。少女回眸看著這位救她醒來的少年戰士，這一刻，兩人一見鍾情，互相深愛上了彼此。

少女向希格爾德講述自己的故事：她的名字是布倫希爾德，是天庭中尊榮的瓦爾基麗。有一次，她在兩國交戰時弄錯了將要幫助的對象，令不該獲勝的一方獲得勝利，遂被奧丁貶下人間，還得和人類的女人一樣必須要嫁個丈夫。布倫希爾德深恐自己的丈夫會是一個卑怯的駑漢。為了使她安心待在人間，奧丁將她帶到這希恩達爾山來，用「睡眠之角」觸碰她，使她保持青春的美麗與活潑的同時沉睡著，直到她命中註定的丈夫到來。他還用火焰的圍牆環繞在她周圍，除非是極勇敢的人，才敢進入這城堡中，那些卑怯的駑漢根本就沒有資格。布倫希爾德指著倫達爾的方向：「那是我從前的老家。不論什麼時候，你都可以到那裡去娶我為妻，我願意一輩子等待你。」聽罷此話，希格爾德將他的吸金指環套在布倫希爾德的無名指上，算是訂婚的約定。他發誓，今生今世永遠只愛她一個。

據有些人傳聞，希格爾德不久就迎娶了布倫希爾德，過上了幸福快樂的日子，沒過多久，卻又不得不離開她和新生的女兒。他的女兒叫亞絲拉琪，由妻子布倫希爾德的外祖父赫默爾撫養長大。三歲時，亞絲拉琪被赫默爾藏在琴身中，逃難在外。半途中，赫默爾借宿於農家。農人以為老人精心看護的琴中藏有金銀財寶，就謀害了赫默爾，等到打開琴來一看，卻發現裡面是個好看的女孩子。農人極其喜愛這個可愛的小女孩，就收養她為女兒。美麗又聰慧的亞絲拉琪一直在農家長大，後來嫁給了瑞典國王拉格納．羅德布洛克為妻。據另一傳聞，希格爾德和布倫希爾德就此分別了。而他們分別的原因，是因為希格爾德立誓要在世間行俠，扶弱鋤強，以期許不辜負英雄本色。

後來，希格爾德漫遊到了尼伯龍格，這裡終年被濃霧籠罩。尼伯龍格掌權的是國王吉烏基和王后格莉希爾德。據說，這位王后是個非常可怕的人，她不但善於魔法，還能調配魔法藥水，其中一種藥水可以令飲者盡忘前事而完全服從於她的意志。吉烏基和格莉希爾德生有三個兒子：古恩納爾、胡格尼和古托姆；還有一個女兒，名為古德露恩。古德露恩是尼伯龍格少女中最溫柔美麗的一個。

國王吉烏基邀請遠道而來的希格爾德多住些時日，希格爾德欣然答應了。王后格莉希爾德頗為賞識希格爾德的勇敢無畏，意欲讓他成為女兒古德露恩的夫婿。因此，不管希格爾德有沒有妻子情人，讓古德露恩拿給希格爾德喝下她調好的魔法藥水。結果，希格爾德完全忘記了自己對布倫希爾德的誓約，一心愛著古德露恩了。雖然希格爾德時常感覺若有所失，心緒不安，心會一陣陣地抽痛，但是他還是順其自然地向古德露恩求婚了。希格爾德和古德露恩的喜訊使得整個尼伯龍格張燈結綵，喜氣洋洋。希格爾德拿出他珍藏著的半個龍心，讓新娘古德露恩吃了一些。從此以後，古德露恩的性情大為轉變。除了希格爾德之外，她對所有人都是冷冰冰的。希格爾德又與古恩納爾及胡格尼結為異姓兄弟，發誓永不互相仇視。

過了些日子，老國王吉烏基死了，長子古恩納爾嗣位。這個年輕的國王尚未娶妻，他的母親格莉希爾德正在為兒子物色媳婦。在格莉希爾德心中，除了布倫希爾德之外，再沒有適合當兒媳婦的人了。因為據她得到的傳言說，布倫希爾德是某國公主，居住於四周環繞著火焰的城堡中。她說過，只有能進這火焰圍牆來見她的英雄，她才肯嫁。

於是，古恩納爾準備去找這位火焰中的少女了。他帶上了他母親的魔法藥水以備不時之需，邀請了希格爾德作伴，一同前往。當古恩納爾到達山頂的火焰圍牆外面時，他的馬卻再也不敢前進一步。無論怎樣鞭策，古恩納爾的馬只肯後退。與之相反，希格爾德騎的神馬格拉尼毫無懼色。因此，古恩納爾請求與希格爾德易馬。可惜的是，希格爾德的馬也作怪，雖然古恩納爾騎上了牠，牠卻也不肯再動一步。看來，除了主人希格爾德之外，牠是誰都不載的。

此次前來，希格爾德戴著他的「恐怖之盔」，而古恩納爾又備著魔法藥。如果要希格爾德和古恩納爾易形，倒是不難辦到的。古恩納爾也覺得除此別無它法，就同意了希格爾德的建議，讓希格爾德化為自己的相貌，進火圈去求婚。於是，希格爾德進了火圈，到達城堡的大廳裡，求見了布倫希爾德。這一對昔日的情人，現在卻素不相識：希格爾德自從喝了魔法藥水後，早已組成新的家庭，盡忘前情；而對於布倫希爾德來說，她怎麼可能認得出已變成別人相貌的希格爾德。看見除了希格爾德之外，還會有人能夠進來，布倫希爾德非常吃驚，但她還是坦然地迎接了這位客人。當聽說對方是來求婚的時候，布倫希爾德允許他以丈夫的資格留在她身旁，因為她曾立過重誓，凡能進入火圈的人，她都不能拒絕。

希格爾德和布倫希爾德同住了三天。睡覺的時候，希格爾德的神劍亮晃晃地出了鞘，擱置在他的身體與布倫希爾德的身體之間，這不近人情的舉動令布倫希爾德很是困惑。希格爾德則解釋說，是神命令他的婚禮將要這樣舉行的。當第四個清晨來臨時，希格爾德從布倫希爾德的手指上取下吸金指環，另換了一個戒指，做為定情信物。布倫希爾德也答應十天後到尼伯龍格來為妻為后。希格爾德出了城堡，向古恩納爾報告事已成功，順利娶得嬌妻布倫希爾德。兩人又互換為原來的形貌，趕回尼伯龍格。關於這次求婚的祕密，希格爾德只透露給了妻子古德露恩，還將吸金指環戴在她的手指上。但是，他完全沒有想到，大禍拉開了序幕。

十天後，布倫希爾德果然應約來了。她溫和地為古恩納爾祝福，讓他引導自己到達大廳。希格爾德和古德露恩正好也坐在大廳裡。當布倫希爾德進來的時候，希格爾德剛好也抬起頭來，恰好接受了布倫希爾德的熠熠一瞥。那長久以來的魔法藥水瞬間消失了魔力，希格爾德陡然從夢中驚醒似的，一五一十地記起了以往的所有事。但是，為時已晚。布倫希爾德已成為了古恩納爾的妻子，而他自己也已成了古德露恩的丈夫。現在，布倫希爾德是自己神聖不可侵犯的大嫂。

日子一天天地過去，布倫希爾德表面上揚揚自若，內心卻是怒火焚燒。她常常從丈夫古恩納爾的宮中偷偷跑出來，到森林中去發洩她那滿腔的憤懣哀怨。而古恩納爾也察覺到妻子布倫希爾德對自己的態度總是很冷淡，便開始疑神疑鬼了。他懷疑希格爾德在城堡的那三天裡老老實實地把求婚時易形的祕密告訴了布倫希爾德，或者更甚，希格爾德利用那三天的機會，已事先取得了布倫希爾德的芳心。希格爾德的煩惱倒比較少，他依舊天天除霸誅強，懲惡揚善，贏得眾多弱者的讚頌。

有一天，古德露恩和布倫希爾德一同到萊因河裡洗浴。古德露恩要先入水，布倫希爾德不依，強調這是她做為長嫂的特權。兩人竟因為這點小事互相對罵起來了。古德露恩罵她的嫂子不端正、不檢點，明明先前已有了愛人，後來還嫁給古恩納爾。說著，古德露恩還舉起了自己手指上的吸金指環為證。看見昔日的定情信物已在情敵的手指上，布倫希爾德的心碎了，她一言不發地奔回自己的宮中，不聲不響地躺著，開始絕食。古恩納爾及王族的人都來勸慰，想引她說話，敘述緣由，然而一無所獲。直到後來，希格爾德來問候布倫希爾德時，她像久湮而始通的泉水一樣，傾瀉出一大堆怨恨的話來。這些話字字刺痛了希格爾德的心，他的心不斷膨脹竟爆斷了鐵甲的鈕環。希格爾德表示自己願意離棄古德露恩，帶著布倫希爾德遠走高飛。可是布倫希爾德卻不允許，她將希格爾德斥責出去，並說自己無論如何都不肯背叛古恩納爾。心高氣傲的布倫希爾德不堪忍受有兩個活人都稱她為妻子。於是，當古恩納爾再次來看她時，布倫希爾德要求他置希格爾德於死地，這使得古恩納爾的妒忌感又加深了。可是因為他曾和希格爾德立誓永不相仇，所以還是拒絕了妻子的要求，但他委任弟弟古托姆代其完成這件事情。

於是，古托姆在深夜裡偷偷溜進了希格爾德的臥室。正要下手時，古托姆卻看見了希格爾德閃閃發亮的目光，嚇得趕快退出來。第二日，古托姆再次潛入，發現情況和昨晚一樣。第三日，古托姆等到希格爾德的鼾聲從房間裡傳出來，才潛入他的臥室。希格爾德已經睡熟了，古托姆用矛一下子刺通了他的背和腹。儘管受了嚴重的致命傷，希格爾德卻還能坐起來，取下床頭的神劍擲向逃之夭夭的刺客。古托姆頃刻間被斬為兩段，死於希格爾德臥室的門邊。與此同時，希格爾德也斷了氣。希格爾德的兒子也被殺害了。可憐的古德露恩對著兩具屍首欲哭無淚，而布倫希爾德卻在一旁放聲大笑。這使得古恩納爾很生氣，他深悔自己導致發生了這樣的慘劇。

尼伯龍格人為希格爾德舉行了盛大的火葬，聊表哀念。許多送葬的禮物、兵器，還有希格爾德生前所騎的神馬，都準備一併火葬。古德露恩早已悲痛欲絕，眼淚早就哭乾了。直到後來，婦女把希格爾德的頭放在了古德露恩的膝蓋上，她的眼淚才如暴雨般地再次落下。布倫希爾德望著希格爾德的屍身。忽然間，所有的怨恨煙消雲散，只留下悔恨和愛念。布倫希爾德回到自己的臥室中，穿上最好的衣服，將所有東西都賞賜給了侍女，然後仰臥在床，將短劍刺入了胸膛。古恩納爾聽此噩耗，急沖沖地趕來。奄奄一息的布倫希爾德只能斷斷續續地說出她的遺言了。古恩納爾依照她的願望，將她的遺體安放在希格爾德身邊一同火葬。兩人中間擱置著希格爾德的神劍，正如他們在山上城堡中度過的三個夜晚的樣子。

古德露恩的心靈還是無法得到慰藉。她恨她的兄弟們奪去了她的愛人，她恨最後與丈夫入葬的居然是另一個女人，她不願再住在故鄉，前去投靠希格爾德的繼父埃爾弗了。自從希奧爾迪絲死後，埃爾弗已另娶哈康王的女兒索拉為妻。古德露恩很快就和索拉成為了好友。她花費了好幾年光陰，把希格爾德的豐功偉績織在掛毯上。另外剩下的任務就是撫養小女兒斯瓦希爾德，她那對閃閃發光的小眼睛，常使古德露恩想起了死去的丈夫希格爾德。

那時候，布倫希爾德的哥哥阿提利正為匈奴國君，他派人到古恩納爾處，問其將以何平息妹妹自殺之怨恨。古恩納爾回答道：「願以其妹古德露恩為阿提利之妻，只需等到古德露恩過了服喪的期限。」過了若干日子，阿提利帶著提親的隊伍，要求履行承諾來了。於是，古恩納爾兄弟等人找到了古德露恩，藉助魔法藥水的幫助，慫恿她離開了小小的斯瓦希爾德，嫁給阿提利為妻子。

然而，古德露恩總是對品行惡劣的阿提利感到不滿。古德露恩雖然為阿提利生了兩個兒子，埃爾普和埃特爾，卻始終不能消滅她對希格爾德的懷念之情。她經常講到過去的事，沒想到她所說的尼伯龍格一族的富有之事，竟引起了阿提利的貪心萌動，他祕密計畫著如何奪取這富有的國度。

阿提利派手下克納弗魯德去邀請統治著尼伯龍格的兄弟們到他的國度來遊玩，意欲等到他們來時殺了所有人，掠奪尼伯龍格。古德露恩看破了這陰謀，讓使者將用魯尼文字寫信，連同吸金指環一起捎給她的哥哥們，她把狼毛纏在指環上，提醒有危險。不料，早已被收買的使者在路上將魯尼文字改動了一部分，以致形成了相反的意思。

因而，古恩納爾就決定接受阿提利的邀請，前往匈奴國度。在動身之前，古恩納爾和胡格尼來到萊因河邊，將尼伯龍格家族的傳國寶藏埋在河底一個深洞內，並告誡胡格尼，誓勿洩露。

於是，古恩納爾和胡格尼帶著阿提利的來使克納弗魯德上路去了。他們歷經千辛萬苦終於進入了匈奴的國境，那時，他們才知落了圈套了，便殺了克納弗魯德，準備決一死戰。古德露恩也拿著兵器來了，幫助她的哥哥一同戰鬥。當匈奴人第一次衝殺上來的時候，古恩納爾彈奏他的琴，鼓勵自己一方的人振奮士氣。在第二次搏殺時，古恩納爾捨了琴，加入戰鬥。他們三次擊退了敵人，無奈寡不敵眾，其餘的人都陸陸續續地死了，只剩下傷重力乏的古恩納爾和胡格尼，他們終為敵人所擒。

阿提利親自審問古恩納爾兄弟兩人，尼伯龍格一族的寶藏究竟藏在何處。即使遭受了許多毒刑，兩兄弟都是咬緊牙關，一個字也不透露。古恩納爾對阿提利說：「我曾經發過誓，除非我的兄弟胡格尼已死，否則我絕不會說出那祕密；而且除非我親眼看見胡格尼的心，否則也絕不會相信他已死。」貪心所驅的阿提利命令手下殺了胡格尼，挖出他的心。可是，阿提利的手下膽小如鼠，哪敢殺胡格尼那樣的英雄。為蒙混過關，他們私自殺了一個怯弱的下人希亞利，取他的心來頂替。但是，古恩納爾看見這顆怯弱的心在盤子裡只是發抖，便破口大罵：「胡格尼是勇者，他的心怎會如此發抖。你們這群雜碎，居然用這樣的心來侮辱胡格尼，戲弄我！」於是，在阿提利第二次下令後，真的胡格尼的心就端上來了。古恩納爾看見那鐵一般堅硬的心，就知道這是貨真價實的了。他輕鬆地對阿提利說：「現在胡格尼已經死了，世上知道這祕密的只剩我一人。所以，這祕密就是無論如何都不會洩露的了。」

惱羞成怒的阿提利吩咐將古恩納爾的兩手捆縛住，投入一個毒蛇洞中。他們把古恩納爾的琴也一同扔了下去。沒想到，古恩納爾竟用腳趾彈琴，引得那些毒蛇都入睡了。只有一條據說是阿提利的母親化身的蛇沒有入睡，把古恩納爾咬死了。

阿提利大擺筵席慶賀他的勝利。他命令古德露恩在席前侍候，卻不知道古德露恩已經殺了他的二個兒子，將他們的顱骨巧妙地做成酒器，將他們的血混在酒裡，將他們的心煮熟做為餚膳。等到阿提利和他的賓客都喝醉時，古德露恩就放火燒宮，將逃走無門的阿提利活活燒死，之後自己也投入火中死了。就這樣，繁華散盡，最後都是淒涼。

小知識：

希格爾德，是《大艾達》的第一部分，包括了宇宙之創造、諸神的事蹟以及諸神之最終喪亡等故事，是屬於神話的；而第二部分卻包括了一連串的英雄敘事詩，述及伏爾松格家族的事蹟，是屬於傳說的。在北歐，希格爾德是最有名的民族英雄；所以希格爾德的傳說也可以說是北歐的史詩，相當於《伊利亞特》。阿提利和古恩納爾均為歷史人物，阿提利就是暴君阿提拉，古恩納爾是勃艮第的君主古恩狄卡利烏斯，此人於西元四五一年與其弟一同被殺，國亡於匈奴。古德露恩則是勃艮第公主伊爾迪克，她在新婚之夜手刃了想要娶她的阿提拉，用的據說就是戰神泰爾的那把刀。

國家圖書館出版品預行編目資料

流傳千年的北歐神話故事／鍾怡陽著.
－－第一版－－臺北市：知青頻道出版；
紅螞蟻圖書發行，2011.7
面　；　公分－－(大智慧；13)
ISBN 978-986-6276-92-7（平裝）

1.神話 2.北歐

284.7　　　　100011869

大智慧 13

流傳千年的北歐神話故事

作　　者／鍾怡陽
發 行 人／賴秀珍
總 編 輯／何南輝
責任編輯／韓顯赫
美術構成／Chris’ office
校　　對／賴依蓮、周英嬌、楊安妮
出　　版／知青頻道出版有限公司
發　　行／紅螞蟻圖書有限公司
地　　址／台北市內湖區舊宗路二段121巷19號（紅螞蟻資訊大樓）
網　　站／www.e-redant.com
郵撥帳號／1604621-1　紅螞蟻圖書有限公司
電　　話／(02)2795-3656（代表號）
傳　　真／(02)2795-4100
登 記 證／局版北市業字第796號
法律顧問／許晏賓律師
印 刷 廠／卡樂彩色製版印刷有限公司
出版日期／2011年 7月　第一版第一刷
　　　　　2016年 9月　第一版第四刷

定價 280 元　港幣 93 元

ISBN 978-986-6276-92-7　　Printed in Taiwan